品质课程丛书

丨 丛书主编　路光远　杨四耕 丨

嵌入式课程

特色课程的路径和方略

潘琼
李春华

主编

华东师范大学出版社

丛书编委会

丛书主编

路光远　杨四耕

丛书编委（按姓氏笔画）

凤光宇　花　洁　李春华　杨文斌　杨四耕

杨金芳　陆正芳　罗　松　崔春华　路光远

潘　琼

学校课程变革要有"零度"思维

学校是课程改革的扎根之所。本世纪之初启动的课程改革,至今已近二十年,但是还有个别学校无动于衷、毫无课程意识,还有学校处于"等条件成熟了再说"的阶段,还有学校担心课程改革对教学质量有影响,还有学校一味地摆问题、讲困难,就是不思考解决问题的办法……说白了,这些学校根本不把课程改革当回事儿。

也难怪,当下中小学都很现实,对教学管理抓得很紧。在他们的心里,课程开发只不过是"锦上添花"的事情,"最重要的还是教学质量"。大多数学校课程管理都比较薄弱,课程改革不受重视。从现实情况看,中小学教师的课程意识普遍处于沉睡状态,课程开发能力普遍比较薄弱,基本不懂得如何管理自己的课程,不懂得如何挖掘资源、活化课程;甚至还有不少校长存在"课程是虚的东西,只要上好课就行了"等错误认识。

嘉定区地处上海西北部,是典型的江南历史文化名城,有"教化嘉定"之美称。近些年,我们围绕"品质课程"项目作了大量的探索,取得了可喜的成效。"品质课程丛书"即是这个项目取得的成果之一。

我们认为,品质课程是基于特定哲学而组织化的课程,是一种富有倾听感的课程,它是将学生置于课程的价值原点,与学习需求匹配,努力在学生的学习需求和未来期待之间获得某种平衡的课程。品质课程具有如下特点:一是原点性,为孩子们的成长与发展服务;二是现实性,解决学校课程发展的实际问题;三是发展性,聚焦核心素养的提升;四是层次性,有不同层次的实践样态,可以是一所学校的课程模式,也可以是一个特色课程群,还可以是一门校本课程。

上海市嘉定区推进"品质课程"的实践证明,学校课程变革要有"零度"思维,要激活课程参与者的主体意识,让学校课程有足够的生长空间。所谓"零度"思维,就是回到初心的思维,就是回到课程改革的原点去的思维，就是理性关注丰富生动的课程变革实践的思维。学校课程变革为了谁？如何深度推进？这是学校课程变革"零度"思维的基本问题。

1. 零心态：聚焦生长

无数事实证明，任何一场变革，总是缘起于文化观念和思想意识的觉醒。推进学校课程变革首先是心态的归零：零心态，学校课程变革必须回归原点、聚焦生长。这个问题的本质是"课程改革究竟为了谁"的问题。

教育部《关于深化课程改革，落实立德树人根本任务的意见》指出：要根据学生的成长规律和社会对人才的需求，把对学生德智体美全面发展总体要求和社会主义核心价值观的有关内容具体化、细化，深入回答"培养什么人、怎样培养人"的问题。从当前情况看，课程改革必须明确学生应具备的必备品格和关键能力，突出强调个人修养、社会关爱、家国情怀，更加注重自主发展、合作参与、创新实践，明确学生完成不同学段、不同年级、不同学科学习内容后应该达到的程度要求。

因此，学校课程变革的根本任务是立德树人，提升学生的核心素养。学校课程改革就是要聚焦生长，充分尊重学生的兴趣和经验，设置多样化的课程，多维度地满足学生的学习需求。无视课程改革存在的学校，本质上是无视学生发展，无视核心素养的倡导，本质上是心态上没有归零。

2. 零距离：贴近需求

坚持以学生发展为本是学校课程变革的基本准则，促进学生最大限度地发展是学校课程变革的核心目标。精准把握学生的学习需求，让学校课程与学习需求无缝对接，是学校课程变革的一个重要议题。

零距离，就是要实现课程产品和学习需求之间的无缝对接，减少课程产品与学习者的年龄差距,减少课程实施与学习者的心理差距,减少学习需求与课程服务的现实差距,让学校课程发挥出最大的育人功能。

因此,学校课程变革应最大限度贴近学生的学习需求,把握学生的兴奋点,科学设计课程,合理组织课程,积极探索课程实施的多样方式,为学生充满灵性地成长提供最充分的课程保障。

3. 零等待:立即行动

课程改革这么多年了,还有一些学校没有动静,他们还在观望,还在等待。学校课程变革必须"零时间"——因为,立即行动是关键!

立即行动,从分析学校课程情境开始,从把握学校课程发展的优势开始,从找准学校课程发展的问题与生长点开始;立即行动,从开发一门校本课程开始,从研制课程纲要开始,从学程设计开始,从研制课程实施方案开始;立即行动,从规划学校整体课程开始,从厘定学校课程哲学开始,从梳理学校课程架构开始,从研究学校课程设置开始,从全面推进学校课程实施开始;立即行动,从思考学校文化融入课程开始,从厘定学校办学理念开始,从确定学校课程理念开始,从将理念融入课程实施、管理与评价开始,从让学校课程充满浓郁的文化气息开始;立即行动,从建构学校课程变革路线图开始,从把握育人目标转化为课程目标开始;立即行动,从让课程变革活跃起来开始,让学校课程评价多元起来开始,让学校课程管理良性运行起来开始……

别犹豫,迈左脚与迈右脚都一样——课程改革什么时候都不晚,迅速行动是上策。让我们一起拥抱变革,立即行动吧!

4. 零条件:全情参与

课程改革不会因为条件好而做得更好,也不会因为条件差而做得更差。课程改革没有条件,全情投入是最重要的条件!

等待,课程改革的条件永远不会成熟;条件,只会在课程变革中变得更成熟。只有参与了，我们才会发现问题，才会去解决问题，才会尽可能地让条件更完善，让保障更充分。

你看，一所学校推进"书香"课程，学校由此加强了图书馆建设；一所学校推进"创客"课程，学校由此加强了创新实验室建设，孩子们有了自己的"梦工厂"；一所学校推进"小天鹅"课程，学校由此建设了舞蹈专用教室……这样的例子不胜枚举。为更好地落实课程改革的要求，合理配置各种设备与资源，为学校课程变革提供必要的物质保障，有利于课程改革的顺利推进，让我们记住：物质条件等待不来，全身心参与才是学校课程变革最重要的事。

5. 零滞后：专业为王

保守就要落后，落后就要挨打，这是常识。学校课程变革需要每一位教师学会适应改变，需要每一位教师清晰：昨日的知识和经验解决不了今天的问题和困难。我们要把校本研修作为适应课程变革的利器，每一位教师必须明白：课程改革因学习而改变。

学校课程变革倚赖于教师的专业发展，倚赖于专业文化的觉醒。我们要积极向课程改革先行者看齐，激活每一位教师的课程意识，让教师成为学校课程领导者、研究者和推进者，让教师有更多的机会进行不同程度的"课程实验"，有更多的机会参与完整的课程开发过程，彻底改变教师只是规定课程"忠实执行者"的角色，改变教师只把课程当作学科教材的狭隘观念，形成更加开放、更加多元的课程观，促进教师专业成长与课程发展同步提升。

说到底，我们必须随需而变、专业为王，让变化成为专业成长的契机，让学习成为课程变革的有机组成部分。

6. 零障碍：拥抱问题

没有危机就是最大的危机，没有问题就是最大的问题。面对课程改革，问题不可回避。要知道，课程改革就是与"问题"打交道，就是发现问题、解决问题的过程。

学校课程变革要善于摧毁课程改革过程中的一切问题,要善于让所有的信息都流动起来,让所有的渠道都畅通起来,让所有的脑细胞都活跃起来,多问几个为什么,多想几个做什么,多试几个怎么做,要相信"办法总比问题多"!

一句话,学校课程变革无论如何都应该让所有教师都动起来,跑起来,聪明才智蹦出来。如此,问题会向我们让路,困难会向我们低头,课程改革就会"一路绿灯"——拥抱问题,课程改革就会"零障碍"!

7. 零排斥: 多维联合

为了提升课程品质,学校课程变革应实现"零排斥",应实现教师、学生、家长、社会、专家等群体的最大化互动与联合。

首先,人员要全纳。学校课程建设涉及校长、教师、学生及其家长等,所有可能的人都要纳入课程改革的主体视野。校长是课程的主要决策者和责任人,教导处成员承担学校课程常规管理工作,包括课程实施与开发的组织、安排、指导、协调等工作。学校应充分调动师生及家长的课程参与积极性,家长及社区人员有课程管理的知情权、建议权和参与权,为学校课程发展提供资源是义不容辞的责任。

其次,组织要强化。学校可以设立课程领导小组,负责学校课程开发中的重大决策与研究。这个小组可以由校长、教师代表、学生及家长代表以及社区相关人员构成。建议不少于50％的席位给学生代表和教师代表,有时候还可以邀请有关课程专家为课程改革把脉诊断、出谋划策。课程领导小组的组长建议民主选举产生,并在此基础上明晰责任。此外,还要充分发挥校委会、教导处、德育处、学科教研组在学校课程变革中的作用,使之各尽所能,各尽其责。

总之,学校课程变革应团结一切可以团结的人,创造多赢的局面,形成完整的多主体价值链。

8. 零风险：质量保障

课程改革对教学质量有没有影响？这是中小学校长和教师最关心的问题。从现实角度来看，多一些危机意识，加强质量风险管控，制定质量预警机制，提高学校课程管理水平，确有必要。

大量的课程实践证明：课程的丰富性、精致性与教学的有效性呈正相关。我们可以负责任地说：推进学校课程变革绝对不会降低教育教学质量。

众所周知，国家课程、地方课程、校本课程三类课程不是三个独立的部分，它们构成了学校课程的有机整体，拥有共同的育人诉求，实现不同的课程价值，承担不同的课程任务，履行不同的课程职责，从不同的方面促进学生的成长与发展。因此，为了"全面的质量"，我们绝对不能用国家课程挤占地方课程、校本课程的课时，绝对不能随意提高国家、地方规定的课程要求，绝对不能把校本课程变为国家课程的知识延伸和加深。我们应根据有关课程改革的精神，正确处理这三类课程的关系，保证各类课程的合理比例，充分体现三类课程对学生发展的综合价值，确保全面教育质量观的落实。我们决不能为了追求学校的"眼前利益"，随意调整、增减课时。

综上所述，学校课程变革要有"零度"思维，要秉持理性立场，打破常规，建构价值，追随品质……让所有的参与者朝着最美的课程变革图景迈进！

路光远　杨四耕

2017 年 7 月 20 日于上海

前言 /1

第一章　联结：在广阔空间里寻找到新坐标 /1

联结，是一种状态、一种行动，也是一种体悟。当学生在课程的学习中时，他们能够知道正在进行的学习于其生活和经验的意义，或许是所学的文藻词汇对其所关心议题的讨论提供了有力的支持，或许是历史地理在旅行规划中的大显身手，种种联结构成了课程本身。

第二章　丰盈：让生活的光芒照进书本 /37

课程的丰盈，意味着教育的视野不仅仅拘泥于知识技能的传授，意味着有更多带着鲜活气息的内容和主题走进日常课堂，意味着孩子们有更多机会面对深度思考和创新实践的挑战。学习不是只有枯燥的背诵和刷题，还有许多需要用全副感官和心灵去吸收和体会的东西。

第三章　跨界：从课堂空间走向无边界学习 /97

跨界，是一种多维度的融合，是一种有逻辑的联结。当我们的学生面对一个个真实世界的问题时，他们需要有能力组合不同领域的学习经验来加以应对，这种能力的培养在很大程度上依赖于课程中是否具有明显的跨界特征。

第四章 创生：寻找面向未来的生长点 /151

创所未有，生生不息，谓之创生。突破固有模式的局限，嵌入新的课程整合思路，不断激发起学生探究、理解、发现、创造的主动性。创生，是反思中求得灵感，更是畅想中联结未来。当课程本身被烙上创生的印记后，我们或许才更有理由期待教育的另一种姿态。

后记 /179

前言

教育,要生长在学生的心里,学校课程一定是最重要的滋养。

每一名学生都是一个独特的个体,所需要的养分应是不完全相同的。当学校俯身去关注每一个学生是怎样的,去努力了解学生们真实的生活世界,在其课程规划设计中,便会自然地去关照学生的经验和兴趣、班级的情境以及家长的期望,也就会相应蔓生出与学情、与教师的能力和专长、与学校资源相呼应的特色课程。

校本特色课程是学校本位的课程,其与基础型课程如何统整?这不是一个孤立的命题,而是与"学校教育究竟应该教什么"密切相关的重要问题。

我们身处教育变革中。学习早已超越识字和算术,在本质上被理解为个体获得信息、认识、技能、价值观和态度的过程。我们的教育目标也正在逐步转向,更加突出个人修养、社会关爱、家国情怀的学生发展核心素养,更加注重学生的自主发展、合作参与和创新实践。在今天,学校教育已经无法单纯从学科角度来考虑教育问题,而是必须从素养这一更大的格局来考虑人的发展。

这意味着,教育与个体经验的联结将越来越被强调。

学校特色课程正是希望成为传统学科教学与学生生活经验的联结之一。杜威认为,如果学科题材未能转化为生活,只是纯粹的形式与符号,以外加的或既成的方式呈现给儿童,儿童缺乏旧经验以吸收新经验,也无法经由操作与体验而建构出知识与能力,进而就会失去学习的动机。我们的特色课程一则基于学科基础,二则包含了大量与实际、与社会发生联接的内容,两者相融合,学生于是有可能在真实的问题情境中发现学科知识技能的真正价值。多学科、跨学科甚至是超学科的学科思想将因此被越来越多地运用到基础教育的课堂,从而提供学生统整的机会和情境,使其学习能够和实际生活经验及兴趣产生最大的关连。

特色课程的嵌入,使知识更接近于真实的生活世界,使经验得以和学科知识发生有意义的链接，使课程内容、活动和社会生活有所关连，使学生生活能力和解决问题能力的培养获得着力点。不仅如此，学校的教学时间、空间和资源也由此统整，包括教师、设施设备、家长和小区资源等，必须依据学生统整学习的需要加以整合，教学时间和课表，也必须作弹性调整，以满足统整学习之需。

特色课程的这种嵌入方式无法不让人心生期待。这不是新增一两项学习内容的单打独斗，而是在联结经验的全局视野下对学校课程的整体架构。我们将看到同一个主题或概念在不同学科中的自由跨界；我们会发现由于纳入了更广泛、更真实的学习内容，学校教育变得更加丰盈；我们更乐见学生的学习热情由此被点燃，创生出更多有意义的学习过程与成果。

这种期盼并非翩然而至。我们曾经历特色课程碎片化拼盘的现实困境，也曾在特色课程的嵌入实施中举步维艰。最终，我们摸索着回归教育的原点，理性回应学校课程发展的实际问题，追求着以丰富学习经历为主旋律，聚焦核心素养的提升，有一以贯之的理念、逻辑体系清晰的、有品质的课程。我们为此孜孜以求。

所有这一切，源自我们内心对教育不灭的情怀。

联结,是一种状态、一种行动,也是一种体悟。当学生在课程的学习中时,他们能够知道正在进行的学习于其生活和经验的意义,或许是所学的文藻词汇对其所关心议题的讨论提供了有力的支持,或许是历史地理在旅行规划中的大显身手,种种联结构成了课程本身。

生活课程:让每一个孩子学会生活

宽银幕课程:世事洞察皆学问,人文化成即书生

真新行课程:真新娃娃我最棒

第一章

联结:在广阔空间里寻找到新坐标

Good(1973)所界定的"统整课程"(integrated curriculum)，是一种课程组织，贯穿学科教材的界限，关注广泛的生活问题或宽广的学习领域，将各种分割的课程组合成有意义的联结。

历史上恐怕没有任何一个时期比这个时代更加强调联结的重要性。

当今的青少年比起所有过去的同龄人都是见闻最广和相互联系最多的一代。新的数字技术的发展带来了信息和知识的迅速膨胀，新的通信技术和社交媒体是促成这种转变的重要因素。数字媒体创造出了新的空间、关系和动态，由此产生的影响必然给正规教育带来新的冲击。

教育不可能也绝不应该对这一切变化视而不见。课程再也不能是局限在象牙塔中的默诵记忆和反复操练，不断拓展的生活世界给了课程一个更广阔的空间，课程必须在与之联结中寻找到新的坐标。

联结，是一种状态。当学生在课程的学习中时，他们能够知道正在进行的学习于其生活和经验的意义，或许是所学的文藻词汇对其所关心议题的讨论提供了有力的支持，或许是历史地理在旅行规划中的大显身手，种种联结构成了课程本身。

联结，是一种行动。当教师在固守标准答案的惯性中有所抽身，在审视课程计划时自觉地代入更有时代感和现实意义的命题，并试图跳出原有的学科边界，尝试带领学生进行跨界探究时，联结便正在发生。

联结，也是一种经历反思的体悟。反思教育，我们一方面收获了许多宝贵的启发，同时也越来越清晰地理解传统分科之间的内在联系，这促使我们充满热情地努力寻求新的、更符合学习本质的课程逻辑。

对于一所学校来说，探寻意义的变革一旦开启，发生联结的机会便会在时间与空间上陆续展开。我们所要做的，是不忘初心，勇往直前。

生活课程：
让每一个孩子学会生活

　　上海市戬浜学校是于 2000 年 8 月由原戬浜中学和戬浜中心校合并而成的一所九年一贯制公办学校，位于沪嘉高速公路出口、嘉定新城的东翼。学校占地面积 42.7 亩，建筑面积为 1.2 万平方米，绿化面积为 1.3 万平方米，绿地覆盖率占总面积的 40％。学校现有教职工 159 名、教学班 40 个、学生 1723 名。

　　校名"戬浜"二字中的"戬"含有"幸福、吉祥"之意，校标中的流水和枝叶隐含着"一苇渡江"的历史文化典故。图中竹代表苇，象征知识和才能；流水代表江，象征实践和行动；"渡江"含着克服困难、追求理想之意。校标用"一苇渡江"的典故，寓意全校师生以坚定的爱国主义信念和不断超越自我的精神，奋发学习，提升智慧，踏实行动，增长才干，以知识之苇，渡往成功的彼岸。

　　全校师生员工在校标寓意的激励下，努力更新自己，超越自我。曾获"上海市花园单位"、"上海市无烟学校"、"上海市安全文明校园"、"上海市体育传统学校"、"区优秀基层党组织"、"区办学先进单位"等荣誉称号，并连续七次被评为"区文明单位"。

　　2010 年始，学校按嘉定新城（马陆镇）和区教育局的统一部署，大量招收进城务工人员随迁子女入学。学校规模扩大，学生人数激增、生源差异拉大，引发了种种教育、教学及管理问题。我们期待学校在新的历史时期，在追随嘉定区推进"品质教育"的征途中，迅速整合学校内部资源，充分挖掘在地优秀资源，努力实践"让每一个孩子学会生活"的办学理念，向着把学校办成"上海市招收大量外来务工随迁子女公办学校示范校"而努力！

第一部分　学校课程哲学

"生活教育"是瑞士教育学家裴斯泰洛奇于19世纪提出的教育学说，它强调适应自然；他把教育理论理解为一个生长或发展的过程、儿童天赋才能的和谐而自发的过程。在著作《天鹅之歌》中总结他的教育思想，提出了"生活具有教育的作用"的箴言。19世纪末，杜威继承了这个学说，并提出了"学校即社会、教育即生活"的主张。作为杜威学生的陶行知深受其影响，根据中国的实际，提出了"生活即教育，社会即学校，教学做合一"的生活教育主张。

关于生活教育理论，陶行知曾总结："从定义上说，生活教育是给生活以教育，用生活来教育，为生活向前向上的需要而教育。从生活与教育的关系上来说，是生活决定教育。从效力上说，教育要通过生活才能发出力量而成为真正的教育。""我们深信生活是教育的中心。"陶行知先生始终坚持"教育源于生活、教育需要生活、教育为了生活"的教育理念，其生活教育理论鲜明地体现了"生活是教育的原点"的观点。无独有偶，英国哲学家、教育家怀特海在《教育的目的》中也曾写道："教育只有一个主题，那就是五彩缤纷的生活。"可见，把生活作为教育的原点与价值追求是一种本质的必然。

一、学校教育哲学：生活教育

1. 我们认为：教师、父母、学校的作用是教孩子学会生活

现代生活中，一些父母过于注重孩子的课堂知识、书本学习、特长培训，过多包办孩子的生活事项，导致孩子生活自理能力差。已经长

大成人的孩子依然衣来伸手、饭来张口，家务活不会做……现实生活中，生活能力如此之差的人并不鲜见。有父母说，只要有好工作、有钱，就可以雇人干所有的事；也有的说，未来科学技术发展了，家里的事用不着都亲力亲为；还有的说，家务事没必要耽误小孩子的时间，长大自然就会了……对此，教育专家表示，教师、父母的作用不是替孩子做什么，而是要教孩子学会生活。

2. 我们坚信：人在社会上生存，就要学会怎样生活

人在社会上生存，就要学会怎样生活，掌握自我服务和服务他人的本领。学校、家庭是人的生活场所，比其他任何机构在传授生活技能方面都具有优势。

一个人在学校、家庭中获得的日常生活知识和能力，往往是从事社会工作和个人长远发展的基础。即使孩子成了事业上的"精英"，也同样有作为人享受家庭生活的需求，也需要练就生活中自食其力的本领。

3. 我们追求：学校理念的落实要有清晰的实施路径

学校理念的落实要有清晰的实施路径，因此，与学校的教育理念"让每个孩子都学会生活"相对应的课程理念就是"生活教育"，即通过生活课程，让外来务工随迁子女和本地孩子一样从"今天怎么做合格的上海人"做起，到"明天怎么做合格的社会公民"，再到"未来怎么成为合格的世界公民"，由此形成包容的姿态、开放的心胸、学习的意识、开阔的视野、圆融的智慧、积极的态度，共同诠释着新戬校的教育精神——"生活教育"的时代内涵。

二、学校课程理念：让每一个孩子都学会生活

我们的课程理念是"让每一个孩子都学会生活"，这意味着课程内容既注重学生原有的生活经验和生活阅历，又更注重对学生学习经历的丰富，拓宽学生的视野；超越知识层面——课程教学既注重拓展教育的生态环境，延展教育的园地，又更注重环境及园地创设下的体验、实践活动，提升学生的能力；服务学生成长——课程评价既关注学生的知识技能，及时评价，又更关注学生的情感态度价值观，长期评价，

建立学生的自信。

更意味着要让学生学会做人、学会学习、学会快乐，最终了解生活常识，掌握生活技能，感受生活责任，融入学校，融入社会，学会生活。一个懂得生活的人，是一个激情满怀的人。他疲惫而不会厌倦，忧伤而不会沉沦，委屈而不会报复。他相信，创造才是生命的真谛，他知道该怎么证明自己的价值。一个懂得生活的人，会时时留心对自己有益的东西，从而加以吸纳，以丰富自己。这样的人既能从书本中茹英咀华，又能在无字句处——社会的大课堂里练达人情。这样的人能时时保持内心的平和，风雨飘摇，等闲视之；春风得意，不骄不躁。一个懂得生活的人，必然是一个内心世界丰富充实的人。这样的人，能看到黑暗中的光明、荆棘中的鲜花、急流中的航向。一个懂得生活的人，能够寻找自己的快乐。智慧使他有足够的自信，排除一切纷扰，排除一切非分的欲望。

基于上述课程理念，我们结合"生活教育"的内涵，形成了这样的"生活课程"核心内容（见图例）。

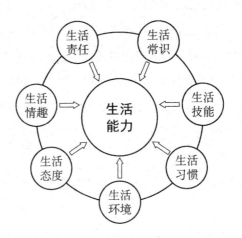

图中外围的圈代表"生活课程"实施的主要内容，即学生通过从生活常识的学习、生活技能的训练、生活习惯的养成、生活环境的设计、生活态度的培养、生活情趣的培育和生活责任的体现七个角度来学习"生活课程"，最终获得生活能力的提升。

第二部分　学校课程体系

戬浜学校"生活课程"，以对国家课程标准进行有针对性的延伸和拓展，全面发展每一个学生的综合素质和个性特长为指导思想，在全面拓展与深化的基础上，增加探究性学习的时间和社团活动及社会实践的时间，通过面向全体学生、体现戬校特色的拓展、探究学习课程和社团活动、社会实践课程的建设，为每一个学生提供丰富学习经历的机会，达到让学生成为一个知晓生活常识、掌握生活技能、养成良好生活习惯、具有正确生活态度和生活责任以及拥有生活情趣的会生活的人。

一、"生活课程"结构：一圆三环式

在这样的思想指导下，构筑具有戬校特色的"生活课程"体系的基本板块：基础必修课程、综合选修课程（周三"快乐活动日"开设的拓展、探究课程）、社团活动课程（乡村少年宫所开设的社团活动课程）、社会实践课程（利用在地资源所开发的课程）。这一课程结构可以统称为"一圆三环式"。

1. 一圆：基础必修课程

基础必须课程：在完成教材内容教学的基础上，把"生活课程"体系中的有关生活基本常识的学习、生活基本技能的训练以及生活习惯的培养这些主要内容纳入到这一课程中。这些主要内容是整个课程体系的基本要求，要充分体现少而精的特点，要充分体现教学的效能。基础型课程中融入"生活课程"，主要在语文、思品（品社）、自然、劳技、科学、生命科学、美术等学科上；而数学、英语、物理、化学、体育、信息技术等学科以创设生活情境，作业设计时以生活现象、生活事件作为导引，让学生强烈地感受到生活与学科学习的密切关系。

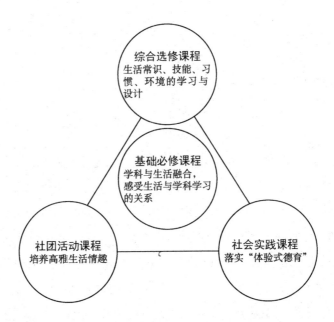

2. 三环之一：综合选修课程

综合选修课程：开发适合1—9年级学生的"生活课程"为指导，以选修课程的方式推出，设置"菜单式"选课。小学阶段以"周三快乐活动"时间作为保障，中学阶段以"拓展、探究课"时间作为保障。学生根据自己的兴趣、爱好进行选课。不过，小学阶段基本上以年级为单位进行，一个年级提供适合学生的几门课程，让学生进行选择，跨班选课。中学阶段则提供各种各样的课程，让学生进行跨年级选课，但保障每位学生一学期能选到一门课程。综合选修课主要以学习生活常识、生活技能、生活习惯、生活环境为主。

3. 三环之二：社团活动课程

社团活动课程：乡村少年宫各社团本着"发展兴趣、培养特长、提升修养"的宗旨和"以乐促智、以技促能、以读养德"的目标，开办各类社团。主要分为：体育部、艺术部、科技部、文学部。体育部有5个社团：射击、射箭、乒乓球、健美操、田径。艺术部有4个社团：美术（由儿童画、水彩画、速写三个分社团构成）、舞蹈、非洲鼓、电子琴。科技部有2个社团：科技创新社、头脑奥林匹克（简称OM）。文学部有3个社团：文学社、经典诵读社、英语课本剧表演社。社团活动课程主要是通过学生活动，培养学生具有高雅的生活情趣。

4. 三环之三：社会实践课程

社会实践课程：以学校原有的较成熟的校本课程《马陆葡萄》为基础,充分利用在地资源——马陆葡萄主题公园、上海宏泰园蔬果专业合作社,广泛开展社会实践活动,了解与学生日常生活相关的有关蔬菜、瓜果的生长,通过劳动进行体验,使之具备一定的生活知识和生活技能。并通过嘉源海艺术村、戬浜居委等提供的活动资源,培养学生的生活情趣,提高学生的生活责任意识。这个版块的学习,由学校的德育活动部牵头进行,真正落实"体验式德育"这一路径。

二、"生活课程"设置

根据"生活课程""一圆三环式"结构,结合学校课程资源情况,对"生活课程"的内容体系进行了系统构建:

课程架构	资源结合点	基本课程	特色课程	课程目标
一圆：基础必修课程	已有校本课程资源	语文	《我们的节日》《中华经典诵读》《软笔、硬笔书法》。	了解我国传统节日的文化,提高学生对节日的认知度和认同度;诵读中华经典,提升学生的道德素养和对传统文化的认同,提升学生民族自豪感;通过书法训练,培育学生的良好品性。
		思品（品社）	《文明礼仪微课程》	培养学生具有良好的道德情操,具有社会公德心;注重平时的言行,具有一定的文明修养。
		自然	《我们的种植园》	通过学生动手参与一些常见蔬菜的种植,了解在自然环境下它们的生长情况,培养学生的观察能力和动手能力。
		劳技	《车模、船模、航模制作》	通过三模的制作、调制,掌握一些基本方法,提高学生的动手能力和创新能力。
		体育	《射击》《射箭》。	了解射击、射箭的一些基本知识和方法;了解射击、射箭背后的文化内涵;培养学生坚强的意志和毅力。
		美术	《剪刻纸》	陶冶学生的情操,提高审美能力;发展学生的感知能力和与形象思维能力。

课程架构	资源结合点	基本课程	特色课程	课程目标
一环课程：综合选修课程	教师自己开发	语文	《走遍中国——江山如此多娇》、《舌尖上的美味——我们家乡的美食文化》、《谁不说俺家乡好》、《学说上海话》等。	与教材中的相关内容对接并加以延展，同时根据外来务工随迁子女来自全国各地的特点，以这些课程为内容，勾起各地学生的乡情、乡愁，让学生在感受各地民俗风情的基础上，为家乡自豪，为祖国自豪。
		思品	《我与社会》、《梦想照进现实——学生职业规划》等。	培养学生具有良好的道德情操，具有社会公德心；注重平时的言行，具有一定的文明修养；把社会主义核心价值观纳入教学；让学生在拥有梦想的基础上，结合自己的兴趣进行职业规划。
		探究	《我们身边的植物》、《我们身边的小动物》、《常见自然现象揭秘》。	了解身边常见的自然现象，初步了解其产生的原因；观察身边的一些动植物，培养探究的兴趣与能力；动手参与一些实验，提高动手能力与创新能力。
		劳技	《布艺》、《编织》、《烹饪技术》、《我的美食谱》、《烘焙》等。	培养学生的劳动兴趣和劳动习惯；初步掌握一些和家庭生活有关的劳动技能，提高生活能力和生活情趣。
		科学	《人体奥秘大揭秘》、《家庭医药箱》、《居室环境巧装扮》等。	掌握一些与日常生活相关的基本的科学知识；利用所学知识能改善家庭的居住环境；能掌握一些与人体健康相关的知识，提高生活质量。
		美术	《折纸》、《十字绣》、《创情速写》等。	陶冶学生的情操，提高审美能力；发展学生的感知能力与形象思维能力；形成学生的美术创新意识；引导学生参与文化的传承和交流。
二环课程：社团活动课程	乡村少年宫指导人员开发	社团活动课	射击、射箭、乒乓球、健美操、田径；儿童画、水彩画、速写；舞蹈、非洲鼓、电子琴；文学社、经典诵读社、英语课本剧表演社；OM项目。	结合学生兴趣，挖掘在某方面表现优秀、有特长的学生，在某方面加以特别培养与指导，发掘其潜能，给予学生展示才能的机会。
三环课程：社会实践课程	社会资源	社会实践课	"马陆葡萄园社会实践"、"嘉源海艺术村夏令营"、"上海宏泰园蔬果专业合作社社会实践"、"戬浜居委社会实践"等。	深入社会，体验生活，感悟不一样的人生。通过实践消除自身的消极面，吸收正能量，锻炼意志力，形成健康向上的人生观。

第三部分　学校课程实施

　　"生活课程"的实施力求做到：1)课程目标的生活化，即进行"生活指导"，让学生通过多元的课程、多样的活动，自在成长、学做真人；充分学习、有效学习；兴趣展现、潜能发挥。2)课程内容的生活化，即基础型课程校本化。学科中的语文、英语，既注重课内外知识的衔接，以学生的生活、经验为起点，又注重以生活为支点的读写的结合和链接；其他学科，既注重在教学中创设生活中的情境，又注重对学生动手实践方面内容的设计，让学生鲜明地感受到学习与生活的密切关系。3)实施过程的生活化，即开展"体验式德育"，让学生在社会实践中体会作为社会公民所肩负的沉甸甸的责任。

　　根据"生活课程"的结构和设置，我们构建了"生活课程"具体实施框架表：

年级 / 课程	一年级、二年级	三年级	四年级	五年级	六年级	七年级	八年级
	《我们的节日》、《中华经典诵读》						
一圆课程	《文明礼仪微课程》	《文明礼仪微课程》	《射击》	《射箭》	《剪刻纸》	《车模、船模、航模制作》	
			《我们的种植园》	《文明礼仪微课程》	《文明礼仪微课程》	《文明礼仪微课程》	
		《我们的种植园》	《文明礼仪微课》	《剪刻纸》	《钢笔楷书》	《毛笔书写》	

年级 / 课程	一年级、二年级	三年级	四年级	五年级	六年级	七年级	八年级
一环课程	必修(原班)	学说上海话				钢笔楷书	毛笔楷书	钢笔楷书
	选修(走班)	弄堂游戏	《谁不说俺家乡好》	《舌尖上的美味——我们家乡的美食文化》	《常见自然现象揭秘》	《走遍中国——江山如此多娇》	《我与社会》	《梦想照进现实——学生职业规划》

嵌入式课程：特色课程的路径和方略

年级＼课程	一年级、二年级	三年级	四年级	五年级	六年级	七年级	八年级
		《我们身边的植物》	《我们身边的小动物》	《布艺》	《舌尖上的美味——我们家乡的美食文化》	《创情速写》	《烹饪技术》
		《折纸》	《谁不说俺家乡好》	《人体奥秘大揭秘》	《布艺》	《家庭医药箱》	《烘焙》
		《走遍中国——江山如此多娇》	《折纸》	《创情速写》	《十字绣》	《居室环境巧装扮》	《居室环境巧装扮》

二环课程	选修						
		射击		射箭		乒乓球	健美操
		田径		儿童画		水彩画	速写
		舞蹈		非洲鼓		电子琴	文学社
		经典诵读		英语课本剧表演		OM	合唱

三环课程	必修						
		马陆葡萄社会实践			嘉源海艺术村夏令营		
		上海宏泰园蔬果专业合作社社会实践			戬浜居委社会实践		
		高雅艺术欣赏			课外实践活动（春秋季各一次）		

其中，一圆课程的授课时间是在各学科教学中实施。一环课程的授课时间为小学部每周三下午、中学部每周一下午；二环课程的授课时间由乡村少年宫指导教师具体制定；三环课程每学期三至四次。

宽银幕课程：

世事洞察皆学问，人文化成即书生

震川中学是一所具有深厚历史文化底蕴的全日制初中，是上海郊区历史最悠久的学校之一，有"以文载道、以教启智、以福维桑"的震川精神，在长期的办学实践中，始终坚持以"让师生共同健康成长"、"每天一小步，一年一大步，四年一飞跃"为学校办学目标或办学追求，以"心善、体健、行正、志远"为学生培养目标，充分利用学校现有的教育教学特色及丰富的校园文化资源优势，认真做好校本课程的开发与研究，带动学校师资队伍建设与课程开发、管理、评价、教学资源开发等方面的和谐发展。通过校本课程的开发与实施，为学校的特色发展、教师的专业发展、学生的个性发展提供了新的舞台。

目前，我校占地面积 85 亩，建筑面积 24000 平方米，绿化面积 31580 平米，绿化率为 57.6%。学校规划办班规模为 42 个左右，师资力量雄厚，本科以上学历达 100%，其中，中高级职称教师比例达 70%以上。学校教学设施齐全，各类专用辅助教室及活动场所均一应俱全。学校常年保持优美的绿化环境，翠树、繁花、盆景时时有鲜，碑亭、曲桥、假山处处有景，鱼池、荷池、莲池个个有趣，古树名木、曲桥荷池、古井碑亭、菩提遗迹处处成景，古朴史迹和现代建筑互相融合，古树名木与四季特色花草交相辉映，史遗与现代人文雕塑点缀校园。学校先后荣获和保持"上海市文明单位"、"上海市行为规范示范校"、"上海市教育系统先进集体"、"上海市安全文明校园"、"上海市爱国卫生先进集体"、"上海市花园单位"、"上海市教育系统五好关工委组织"、"嘉定区实施素质教育优质学校和示范学校"等荣誉称号。

第一部分　学校课程哲学

一、学校教育哲学：宽教育

书院是以传道济世、兼容并蓄、自由讲学为特征,形成了中国古代教育史上一种极具特色的制度。书院精神体现强烈的人文价值关怀。创办和主持书院的儒家士大夫将中国文化之"道"作为追求目标,既强调以道修身、完善自我人格,所谓格物、致知、正心、诚意、修身;又强调以道治世、规范社会秩序,所谓齐家、治国、平天下。书院的学术创新精神以宽松办学环境为基础,以学术大师云集讲学为推动力,师生相互答疑问难、相互激荡交流获得新的观点和思想。这为我们今天的学术研究与创新提供了有益启示。书院制度彰显鲜明的人文教育追求。为了体现人文价值关怀的书院精神,书院逐步形成了师生之间、生徒之间问难论辩的教学制度。这些都为当今人文教育提供了借鉴。

传承书院文化,厚积人文底蕴,我们提出自己的学校教育哲学"宽教育",集中体现书院的"3K"精神:

一是宽广。教育教学范围之宽广,不拘于某一或某几方面,既强调以道修身、完善自我人格,所谓格物、致知、正心、诚意、修身;又强调以道治世、规范社会秩序,所谓齐家、治国、平天下。体现强烈宽广的人文价值关怀。教育教学方式方法之宽广,不论是讲授、多媒体、讨论、辩论、质疑、探究、实践、体验等,都可作为教育教学的方式。而教育教学媒介之宽广,无论是粉笔、黑板、书信、邮件,还是电脑、电话、QQ、微信、短信,都可利用为教育教学的传媒手段。而教育教学场所之宽广,除了传统的教室、实验室、图书馆、体育馆、操场,还加之福利院、博物馆、历史馆等各类展馆以及影剧院等。

二是宽松。宽松的办学环境、宽松的文化氛围。这样的宽松首先基于整洁宽敞的校园环境，为宽松的办学理念提供良好的生态环境，同时与宽松的文化氛围构成形式和内容的统一、形象和气质的契合。一个宽敞开阔的校园环境更有利于宽松自由的文化氛围的形成。其次学校文化氛围是指笼罩在学校整体环境中，体现学校所推崇的特定传统、习惯及行为方式的精神格调。而整个校园一直秉承书院文化，师生在书院气的校园环境中，教师拥有书卷气，学生具有书生气，在"三气"背后是拥书自雄而存留于每人心中的独立之精神、平等之观念、和谐之关系。再次是宽松的相处关系。这不仅指师与师、生与生、师与生之间的民主、自由、独立、平等的相处关系，还更加广义地指所有人与人、人与自然之间平等和谐的宽松相处关系。做到家校的和谐、领导和教师的和谐、校工与师生的和谐及一草一木与校园、师生的和谐。在这样自由、尊重、平等、和谐的关系下，营造出宽松的办学环境和文化氛围。

三是宽容。对人对事的态度宽容。书院文化是以学术大师云集讲学为推动力，鼓励师生相互质疑问难，既指学生存有疑惑向老师质询，亦有老师拷问学生，倡导学生之间互相切磋，"亲师取友，切磋琢磨，所以讲明义理"，鼓励师生之间、学生之间"相观而善，相资而成"，认为学生学习如果不能互相切磋，互相学习，则"身居一室之内，心驰万里之外，虽日亲方策，口诵圣言，亦欺人耳"。所以，以书院文化为基础的交流中没有权威，只有观点。不为亲疏，只为真理。人际关系平等宽容，对人对事海纳百川。

总之，在"宽教育"哲学指导下，构建宽松高雅的文化氛围、宽广儒雅的精神气质、宽容文雅的礼仪行为，以"让每一个孩子内蕴书生气，让每一位教师富含书卷气"为办学理念，努力让学生发展成为"广见识、宽基础、厚人格、雅气质"的新时代书生。

二、学校课程理念：世事洞察皆学问，人文化成即书生

我校课程理念是：世事洞察皆学问，人文化成即书生。语出《红楼梦》"世事洞察皆学问，人情练达即文章"和《周易》"观乎人文，以化成天下"。

——课程即世间事。课程内容涵盖社会的各个方面、世间的种种情貌。在学习、体验、思辨、实践、共识中掌握处理事情的方法。

——课程即洞察学。从课程的教授，到课程的领悟，无处不渗透师生对知识、情理的鞭辟思索和入里洞察。

——课程即人之情。课程是世间事，世间事即流露人之情。掌握处理事情的方法，更要懂得人情世故、把握为人处世的态度。

——课程即成长史。每一门课程从预备，至学习，到应用，伴随着师生开发课程、开展课程、研究课程、总结收获的成长轨迹。从而一课三成长，课程本身日臻完善，教师对课程的把握愈加成熟，学生通过课程获得身心成长。

总之，让课程成为学生洞察世间事，体悟人间情，以至人文化成天下的范式。

人的发展需求是不断变化的，学校课程也必须动态跟进，才能体现人本教育。学校课程规划是一个多层级的体系，涉及课程理念、课程模式、课程方案三个层级。"世事洞察皆学问，人文化成即书生"是我校的课程理念，我们借用"宽银幕"这个名词来描述我们的课程理念，将"宽银幕课程"作为学校课程模式。

第二部分　学校课程目标

一、培养目标

"宽银幕课程"充分发挥震川"以文载道、以教启智、以福维桑"的精神，深化课程改革，丰富学生的生活，涵养学生的性情，以课程建设拓展学生乐学的空间，增强学生的学习幸福感；以人为本，以培养学生"心善、体健、行正、志远"为目标，希望震川学子自我悦纳、同伴赞赏；

品行高尚、责任明确;家长骄傲、学校自豪;健康奋进、社会有用;以校本课程建设推进学校课程体系建设,以学校课程体系建设拓展学生发展的空间,凸显学校"文化立校、品质办学"的特色。

在校本教材《无笔书画》、《开学第一课》、《校园植物认识》、《单片机可以这样学》等使用的基础上,开设具有人文性、时代性、知识性、艺术性,适合各年级、各层次学生需求的特色科目,同时以学校丰富多彩的主题活动、实践活动,如科技节、艺术节、体育节、"中华经典诵读"和"书香校园"系列活动等为载体及展示舞台,传承了震川精神,营造了学校人文氛围,增加了学校师生的文化积淀,满足学生不断发展的空间和需要,培养学生能力,提升学生素质,促进每一个学生的多元发展与个性张扬,增添教师书卷气、学生书生气,形成震川书院文化氛围,促进师生共同健康成长,构建我校持续发展的前景。

二、课程目标

"宽银幕课程"目标体现在义务教育阶段的四个学年中,根据各学龄段学生生理、心理、思维特点和学习经历不同,课程目标重点也各有突出,希望通过四年"宽银幕课程"的学习,能实现每一个震川学子兴趣全覆盖,使每一个学生的学习兴趣、能力和再学习可能得到最大程度的挖掘和发展,从而也形成学校文化特色,促进学校发展。具体如下:

学龄段	目标重点
六年级	通过爱心教育、爱心传递,培育心地仁爱、乐于助人、对人对物具有爱怜情怀的善良之人。
七年级	通过科学、系统的体育训练,打造青春发育加速期学生健康的身体、健硕的体格、强健的体能。
八年级	通过对高尚品行身体力行、潜移默化式的熏陶弘扬,培养行为端正、思想纯正、作风肃正之人。
九年级	通过目标教育、理想教育,培养心智成熟、志趣高尚、志向远大之人。

1. 通过基础性学科拓展科目《唐诗欣赏》、《数学思维训练》、《趣味哲学》等,使学生除了获取扎实的基础知识,还能拓宽知识面,增加

文化积淀，感受人文、科学情怀。

2. 通过校本课程《无笔书画》、《认识校园植物》、《汽车文化》等50多门自主选择的拓展课程或项目学习、活动，使学生欣赏艺术、亲近自然，培养学生热爱祖国优秀文化艺术、热爱生命、热爱家乡、学校的情怀；使学生的兴趣爱好和潜能得到进一步开发和发展，形成自己的个性特长，培养文明、诚信、勤奋、创新的精神。

3. 通过学校科技节、艺术节、校运会、"推普周"等主题文化实践活动，给学生搭设一个彰显个人特长和才干的舞台，培养学生合作精神和交往、动手、创新、探究等多方面能力，激发学生热爱学校生活的情感，不断提升生命品位，感受自我价值。

4. 通过年级组定期主题体育活动（跳绳、呼啦圈等竞赛），普及体育兴趣爱好，让学生在运动中增进友情，感受快乐，丰富校园生活，促进学生身心健康和谐发展。为学生提供展示个人才华、技艺的机会，增强学生体质，培养发展学生协调能力，增强集体荣誉感，提高全校师生体育文化素养。

5. 提高学校教师的课程开发意识和课程开发能力，促进教师专业化发展。

6. 通过学校、家长、社区民主参与开发，丰富具有学校特色课程资源，形成学校特色。

第三部分　学校课程体系

一、"宽银幕"课程结构

在学校课题《基于"书院文化"的现代学校文化建设研究与实践》引领下，依据《基础教育课程改革纲要》精神，遵循"心善、体健、行正、志远"的学生培养目标，将课程划分为四部分（将校本课程整合为两大部分），即基础课程、衍生课程、拓展课程和全维课程，以宽银幕课程形式全景展现给每一个学生。其中,基础课程为国家课程计划规定的学科课程;衍生课程即国家课程计划规定的学科课程下的衍生子课程群,强调促进学生基本素质的形成和发展,体现国家对公民素质的最基本要求的同时根据学校综合资源、学生兴趣、特长、需求和水平,围绕原课程进行的发展性特殊课程;拓展型课程为全面提高学生素质,拓宽学生知识面,培养学生的合作精神、创新精神和实践能力,发展学生对人文、自然和社会的认知和责任感,为学生、学校、社会未来发展的需求所开发的各种课程;全维课程即利用学校资源、校外资源、家长资源等多方面、全维度为学生提供的进步机会、发展平台,具体体现为"进剧场高雅艺术欣赏"课、"学生家长专长讲座"课、"素质教育实践"课等,旨在打开学生眼界,体验"象牙塔"之外的学习环境,促进"学校——社会"的健康融入,让学生发展为一个认知全面、头脑灵活、思想俱进的孩子。

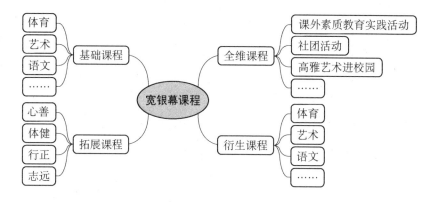

二、课程设置与落实

课程\年级	六年级	七年级	八年级	九年级
基础课程	语文、数学、外语、体育、艺术、自然科学、生命科学等			
衍生课程	诵读、无笔书画、象棋、韵律操	阅读、管乐队、围棋、击剑	写作、合唱队、军棋、足球	书法、剪纸、篮球
拓展课程	开学第一课、起点追逐、道德经	救护包扎、踢跳运动、乒乓球、	党史探究、校史学习与讲解、笑	自然与影视、电影文学欣赏、奥

课程　　年级	六年级	七年级	八年级	九年级
	学习、心理团体游戏、心灵成长、奇妙的心理。	初中田径训练、跑步耐力训练、马拉松（半程）、一球成名、呼啦圈。	知天下事、时事演讲与讨论、安亭汽车文化学习、走近李清照、生活中的透镜、水的净化、科学探索与发现、单片机可以这样学、数学思维训练、乘法公式的运用和拓展、数字图片处理、电子画板、彩色编制、古筝、舞蹈。	斯卡影片欣赏、平面艺术欣赏、英语影视欣赏、戏曲欣赏、民族音乐欣赏、英语语法解析、英语泛读、英语阅读理解、韩语入门、初学日语、中外节日介绍、动物世界探秘。
	走近归有光、文学社、多媒体唐诗欣赏、震川校园植物认识、学说上海话、学校碑文探究与临摹、趣味哲学、十字绣（女生）、生活中的数学、美食与营养、车船模兴趣发展、史海拾贝、百家讲坛。			
全维课程	课外素质教育实践活动、高雅艺术进校园、社团活动、义工活动。			

1. 基础课程、衍生课程

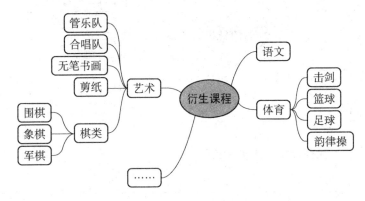

基础课程	衍生课程	课程简介	课程目标	设置说明
语文	阅读	通过定向阅读、自由阅读和比较阅读的方式拓展学生的阅读面，并对学生进行阅读指导，开展形式丰富的读书报告会。	通过中华传统文化的学习和熏陶，培养震川学子深厚的文学底蕴及丰富内涵，使学生既掌握传统的书法、诵读技能，又习得现代	循序渐进在六至九年级开设，全体学生参与学习和达到合格。

基础课程	衍生课程	课程简介	课程目标	设置说明
语文	书法	通过训练学生掌握书写软笔和硬笔书法的基本技能,使学生初知书法、欣赏书法、学会书法,并培养传承祖国文化的责任感。	的阅读、写作能力,做到传统文化"传承"与"发扬",在陶冶性情、启迪心智的同时,塑造出独具震川文化特色的小书生形象。	
	诵读	通过"晨诵"、"暮省"、广播课等形式组织经典著作的欣赏与诵读,并通过反思交流、节目表演等形式进行总结汇报,感受中华传统文化。		
	写作	通过观察积累、写作激趣、联系实际、互助评改等方式激发学生写作兴趣、训练学生写作能力。		
艺术	管乐队	通过管乐和声乐的气息、发声和学唱训练,指导学生掌握管乐与合唱的技巧,培养学生音乐素养。	通过管乐、合唱、无笔书画与剪纸的学习,让学生在学好专业课的同时发展特长,了解和传承祖国优秀的艺术文化,并形成独具特色的震川文化艺术素养。	在各年级开设,学生根据兴趣、自身条件自愿选择,要求每个学生必须至少选择一门学习并达到合格。
	合唱队			
	无笔书画	通过嘴吹、指画等方法传授学生新型书画创作方式,在亲近中国画艺术的同时,培养学生对祖国优秀文化艺术的传承。		
	剪纸	融入南北剪纸的大气与细腻,指导学生学习与众不同的"海派"风格剪纸艺术。		

基础课程	衍生课程	课程简介	课程目标	设置说明
体育	击剑	通过对击剑手势、步伐、攻防技能的学习，训练学生的力量、速度、柔韧、协调和耐力，增强学生的灵敏性和身体控制力。	通过学习击剑、篮球、足球、韵律操及棋艺课程，使震川学生领会中华文明内涵，理解震川精神，具备小书生素养，在锻炼体能的同时，陶冶情操，学会分析事物、解决问题及团结协作的技能。	在各年级开设，学生根据兴趣、自身条件自愿选择，要求每个学生必须至少选择一门学习并达到合格。
	篮球	通过对篮球、足球及韵律操的基础体能和技巧训练，锻炼学生的身体协调能力和团队协作能力。		
	足球			
	韵律操			
	棋类（围棋、象棋、军棋）	通过对棋类知识的了解和技能训练，培养学生的逻辑思维能力和谋略技能。		

2. 拓展型课程

板块名称	课程名称	课程简介	课程目标	设置说明
心善板块	开学第一课	通过军训、校园文化、校史校貌及心理适应的学习和训练，对六年级新生进行入学教育，有助于学生适应新环境，融入震川家园。	通过震川校本德育、心理辅导、各类体育活动及训练课程群的学习，使学生具备道德良好、身体健康、心理平衡和一定的社会交往能力。《开学第一课》及义工实践活动等引导学生"学会生存，懂得生活，珍爱生命"，突出"以德为先"的理念，教会学生认同社会公德，与人交往的良好态度、行	在各年级开设，学生根据兴趣、自身条件自愿选择，要求每个学生每学期必须至少选择一门学习并达到合格。
	起点追逐			
	道德经学习	通过指导学生学习《道德经》，培养学生良好的道德素养。		
	心理团体游戏	通过心理知识的学习和辅导，帮助学生认识自我、接纳他人，形成积极、和谐的心理品质。		
	心灵成长			
	奇妙的心理			

板块名称	课程名称	课程简介	课程目标	设置说明
体健板块	救护包扎 踢跳运动 乒乓球 初中田径训练 跑步耐力训练 马拉松（半程） 一球成名 呼啦圈	通过各类体育项目训练，锻炼学生体能、耐力和身体协调能力，并掌握基本的救护常识。	为和技巧，帮助学生树立积极的人生态度，真正把建设社会主义核心价值观落实到震川教育全过程中。	
行正板块	党史探究 校史学习与讲解 笑知天下事 时事演讲与讨论 安亭汽车文化学习 震川校园植物认识 学校碑文探究与临摹	通过时事政治、党史校史、震川校貌的学习探究，培养学生的爱国情操，领略震川文化精髓，增强震川学子的集体荣誉感与归属感。	通过人文、科普、艺术和生活等课程群的开设，引导学生对震川文化的精神内涵和载体有进一步了解，通过对校史文化及名人研究和学习，弘扬中华及震川文化精神，再现学校的办学传统、文化氛围、师生风采、校友风范，弘扬校风学风，丰富校园文化，营造优良的育人环境，从而潜移默化地激发震川学生浩然正气和学习的热情，促进震川学生健康快乐地成长、成才。	在各年级开设，学生根据兴趣、自身条件自愿选择，要求每个学生每学期必须至少选择一门学习并达到合格。
	趣味哲学 走近归有光 文学社 多媒体唐诗欣赏 走近李清照	通过哲学、文学、史学的欣赏与探讨，丰富震川小书生的文学素养。		
	生活中的透镜 水的净化 科学探索与发现 单片机可以这样学	将课堂所学的物理、生物、化学、科学等知识联系实际生活中的运用，使学生在学习中激发兴趣，活学活用，促进知识的理解、记忆和运用。		
	数学思维训练 乘法公式的运用和拓展	将数学知识联系生活实际进行拓展学习，使枯燥的数字		

嵌入式课程：特色课程的路径和方略

板块名称	课程名称	课程简介	课程目标	设置说明
行正板块	生活中的数学	生动化,激发学生学习数学的兴趣,锻炼学生的思维能力和运用能力。		
	数字图片处理	通过计算机技术的学习和运用,将艺术与科技相联系,掌握通过电子技术进行图片处理和美术绘画的能力。		
	电子画板			
	十字绣（女生）	通过编制、十字绣和烹饪技能的学习,丰富学生的生活动手能力。		
	彩色编制			
	美食与营养			
	古筝	通过对舞蹈和古筝的学习,锻炼学生的肢体与音乐素养。		
	舞蹈			
志远板块	自然与影视	通过语言的学习,让学生掌握更丰富的交流技能,使震川学子既继承传统语言文化,又发展多样化国际语言。		
	电影文学欣赏			
	奥斯卡影片欣赏			
	平面艺术欣赏			
	英语影视欣赏			
	戏曲欣赏			
	民族音乐欣赏			
	英语语法解析			
	英语泛读			
	英语阅读理解			
	韩语入门			
	初学日语			
	学说上海话			
	中外节日介绍	通过对世界动物及节日探秘,开阔眼界,丰富知识。		
	动物世界探秘			
	史海拾贝	通过历史故事、名人事迹,激发理想,确立志向。		
	百家讲坛			

板块名称	课程名称	课程简介	课程目标	设置说明
	车船模兴趣发展	通过对模型的组装、调校、试驾,培养学生动手动脑的能力,养成学科学、爱科学、用科学的良好习惯。		

3. 全维课程

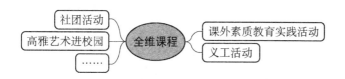

全维课程	课程名称	课程简介	课程目标	设置说明
	课外素质教育实践活动	室外、课外、校外的实践活动——春秋出游实践活动、福利院爱心活动、安亭老街志愿者活动等。	通过一系列实践活动,增强学生动手能力、交际能力,引导有爱心、爱生活的积极阳光好少年。	六至九年级开设,全体学生参与并积累经验。
	高雅艺术进校园活动	通过进剧场、观影等多种形式让高雅艺术走近学生。	通过欣赏高雅艺术,提高艺术修养,培养艺术志趣。	六至九年级分层参与,达到全体学生均有机会,体会高雅艺术的魅力。
	义工活动	学习义工课程、编写义工日志、参与义工活动。	通过义工活动培养学生给予与奉献的社会责任。	根据年级特点,在适合年级开设,参与学生学习并积累经验。
	社团活动	参与不同社团,培养不同爱好与能力——文学社、车模社、科技社、书画社等。	通过参与不同社团,培养学生特色爱好与能力。	根据年级特点,在适合年级开设,参与学生学习并积累经验。

说明:以上课程除《学校碑文探究与临摹》是计划新开课程外,其余都是学校2011年以来开设,每学年科目会根据师生情况及需求适当调整,基本保证在40门。

真新行课程：
真新娃娃我最棒

　　嘉定区真新小学坐落于嘉定区东南首,与长宁区、普陀区两区接壤,交通便利,地理位置优越。建制于 1999 年,在两级党委的关心、支持下,励精图治,奋发图强,不断进取,先后获得"全国'十一五'教育科研先进单位"、"全国巾帼文明岗"、"全国红旗大队"、"上海市行为规范示范校"、"上海市安全文明校园"、"上海市花园单位"、"上海市家庭教育实验基地学校"、"嘉定区文明单位"、"嘉定区绿色学校"、"嘉定区体育先进集体"、"嘉定区民族文化培训基地学校"、"嘉定区科技特色项目示范校"等荣誉称号。

　　学校现有 22 个教学班、830 余名学生;教职工 61 人,其中专任教师 54 人。专任教师中,中学高级 3 名、小学高级 30 名、小学一级 17 名、4 名未定级;本科以上学历占比 92.5%;学校现有市优秀班主任 1 名、市优秀科技辅导 1 名、区班主任中心组成员 2 名、区骨干教师 1 名、区学科新秀 1 名、区名师工作室成员 7 名、街道骨干教师 3 名、校骨干教师 4 名,为学校课程发展提供了人力保障。

　　在十八年的办学过程中,学校始终以科研为引领,以质量求生存,以德育为抓手,以学生的最优化发展为目标,全面推进学校各项工作。同时在"温馨教育"办学理念引领下,提炼出"真(学做真人)、新(勇于创新)、小(关注小节)、学(勤奋好学)"的校训,形成"求真、求新、求实"的校风。在此基础上,逐步形成了以"阳光伙伴"为引领的体育项目,以"DI创新思维"为龙头的科技项目，以"越剧"为领先的艺术项目等众多特色。其中阳光伙伴连续七年获得上海市一等奖、嘉定区冠军；科技DI创新项目从项目 2012 年创办起连续三年获得上海市第一名、全国一等奖，2014 年 DI 获全球赛文艺复兴奖和 DI 创新思维特殊贡献奖。

第一部分　学校课程哲学

一、学校教育哲学：温馨教育

真新小学，其中的"真"、"新"二字有着深厚的意义，"真"蕴含着真知、真诚、真我，"新"蕴含着新奇、新意、新锐。学校在发展的过程中，逐步对"真、新"赋予了内涵：其一，学校在办学思想上坚持"以人为本"的育人理念，关注每一个真新娃娃的成长。教师心怀学生，带领他们追求真知，做一个真诚的人，在真新小学温馨的大家庭中寻求真我，做最棒的自己。其二，学校鼓励学生保持对未知世界的好奇，在探索过程中追求新意，用新的学习方法和新的理念，完善自我，为成为社会新锐而打好坚实的基础。

近几年来，越来越多的进城务工子女进入了上海，而我校地处人口导入区，77.3% 随迁务工子女来自全国 22 个省市，大家来到了真新小学这个温暖的大家庭，力求通过学校的教育，使得每个真新娃娃能够互相尊重、欣赏、合作、信任，成长为一个新上海人，在真新小学成就最棒的自己，所以提炼出了"温馨教育"这一核心办学理念。

"温馨教育"就是让学生在校园里的学习和生活中感受到和谐、友爱、自主、愉快，让学生喜欢学习，主动学习，它是以启发学生主动发展、唤起学生自觉为目的的办学思想，是一种注重人格培养的教育模式。"温馨教育"的理念倡导教师用欣赏的眼光看待学生，要求教师从多元化来评价学生。它要求教师要建立良好的师生关系，善于发现和发展学生的潜能，点燃学生思维的火花，帮助学生认识自我，建立自信,激发其学习兴趣,从而帮助学生主动学习。在"温馨教育"的过程中,学校力求打造这样教育环境:丰富自由的活动环境、自主快乐的学习环境、友爱和谐的人际环境和优美文明的校园环境。

二、学校课程理念：真新娃娃我最棒

我校的课程理念是"真新娃娃我最棒",是指真新娃娃通过经历各种课程,成就最棒的自己。在这里,我们提取了"温馨"的英语单词"SNUG"中的每一个字母,诞生出四个新的单词,并赋予了它们与课程有关的涵义,创造出具有真新特色的"真新行课程观",使教师的"教"和学生的"学"能够有据可依:

"S"即 Sunshine(阳光;温馨的校园中充满阳光,阳光的真新娃);

"N"即 Nature(自然,本色;让课程塑造真我);

"U"即 Unusual(不寻常的,与众不同的;成长为最棒的真新娃);

"G"即 Garden(花园;让课堂成为一个大花园,每个真新娃成为最美丽的花朵)。

综上,我们认为,"真新行课程观"具有以下属性:

通过真新行课程为师生打造温馨的校园,让每个真新娃娃在这个充满阳光的大花园中快乐地成长,让教育回归本真,保持一颗不断探索新奇世界的童心,实践过程中充满新意,在教师的引导下不断追求真知、培养真诚的自我,成长为最棒的真我,为将来成为社会的新锐打好坚实的基础。

第二部分　学校课程目标

一、培养目标

我校的培养目标是:成为学做真人、勇于创新、关注小节、勤奋好

学的真新娃娃。

——学做真人:"千教万教教人求真,千学万学学做真人"是陶行知的一句话。真新娃娃们要求真知、说真话、做真人,追求真理、学真本领、养真道德。

——勇于创新:保持探索新奇世界的童心,努力做到观察有新视角,学习实践过程中充满新意。

——关注小节:良好的行为和习惯从小事上着手,从身边做起,在细微处努力,最终成就自己的人生目标。

——勤奋好学:华罗庚有句名言:"天才出于勤奋,聪明在于积累。"勤奋好学表现在学习过程中的每一个环节:勤读、勤思、勤问、勤写。

二、课程目标

培养目标是通过课程目标去达成的,为了实现培养目标,我们把"学做真人、勇于创新、关注小节、勤奋好学"这四个培养目标进行细化,形成低、中、高的课程,具体如下表:

年级	课程模块	课程目标
低年级	学做真人	掌握低年段文化课程标准规定的要求,培养良好学习及生活习惯; 激发和培养学习的兴趣,热爱课程设置中的各门学科; 抱着追求真知的态度,积极完成各学科任务,享受其中乐趣。
	勇于创新	在教师和家长的引导下能够积极参加教师走班制的"真新娃娃课程超市"中的课程; 善于观察,能对感兴趣的内容提出问题; 顺利完成课程任务,并能与他人分享学习的乐趣与成果。
	关注小节	在学校活动中关注细节,从认识学校、认识老师等小事做起,有集体主义的观念; 学习中注重细节,仔细完成老师布置的任务; 关注细节,培养良好的卫生等生活习惯。
	勤奋好学	养成良好的预习、复习、听课、发言、作业等习惯; 有好奇心,养成爱动脑筋的好习惯; 乐观向上,初步成为一名自信的真新娃娃。

年级	课程模块	课程目标
中年级	学做真人	保持学习的兴趣,乐于参与教学各环节的活动; 善于倾听,积极思考,并能准确表达自己的想法; 善于合作学习,与他人分享合作的过程与成功的乐趣。
	勇于创新	自主选择"真新娃课程超市"中的课程,有独立思考能力; 在活动中培养合作精神与探索能力; 能够展示自己的活动成果,讲解活动过程。
	关注小节	乐观积极,善于思考,自知、自信、自强; 学习中注重细节,仔细完成老师布置的任务; 关注细节,培养良好的卫生等生活习惯。
	勤奋好学	有丰富的想象力和一定的发散思维能力; 主动参与到实践活动中,有比较固定的活动团队。
高年级	学做真人	有较强的思辨能力,有自己独特的见解; 形成知识、能力、情感价值态度观等综合能力和基本素养; 学生以学做真人为起点,努力形成真才实学,锻造真才实干,培养真情实感。
	勇于创新	拥有真新娃娃独特的思想、气质与才情; 有较强的表现能力,能够多途径地表现自己的课程成果; 有创新意识,通过发现、探究,能展示创新成果。
	关注小节	在生活中养成关注小节的好习惯,形成激情涌动、智慧喷薄的团队合力; 养成"三会"(会吃饭、会走路、会听课)的生活、学习好习惯; 学习中养成自我检查和反馈、关注细节的良好学习习惯。
	勤奋好学	自主地学习,能够自我评价与反思; 能够将课内外知识有机融合,拓展思维与活动空间; 参与课程的投票、创设活动,真正成为课程的小主人。

第三部分　学校课程体系

一、"真新行"课程结构

"真、新、行"课程包括:

"真"课程,是学做真人的课程,这一类课程促进学生基本素质的形成和发展,为孩子今后的学习奠定坚实的学科基础,学校通过《提升青年教师教学策划力的研究》的课题引领,努力推进课堂转型,探索出提升青年教师教学策划力的有效途径和方法,从而提高课堂教学的有效性和灵动性。

"新"课程,是勇于创新的课程,这一类课程以培养学生的主体意识、提高学生的自主能力为宗旨,着眼于激发兴趣爱好,开发他们的潜能,促进学生个性的发展,促进学校形成独特的办学特色。

学校立足于"温馨教育"的办学理念,以"基于校本特色,践行快乐活动"为目标,以"真新娃娃快乐行"为主题口号,抓住《环保DIY》《DI创新思维》《阳光伙伴》《真新娃娃中国行》等品牌特色,努力打造绿色课程——"真新娃娃课程超市"。所有课程都是由教师结合自己的特长自主申报、然后开设"课程超市"、列出"课程菜单"的方式,供学生自主选择。学生以"真新娃娃快乐行"过程评价为依据,以走班的形式开展活动。学生在活动中展现个性,展现能力,展示学业成果。

"行"课程,是知行合一的课程,此类课程主要由知行合一的综合实践构成,比如"真新娃娃中国行"等富有学校特色的主题式课程构成。

其主要内容及结构如下:

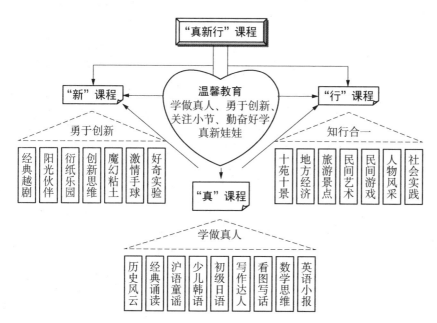

二、课程设置

根据"真新行"课程结构图,结合学校课程资源情况,对课程的内容体系进行系统构建:

课程架构	基本课程	特色课程	课程目标
真课程	语文	《经典诵读》、《看图写话》、《书法墨香》、《硬笔书法》、《沪语童谣》、《魅力沪语》、《写作达人》等	培养真新娃娃良好的语言习惯,提升听、说、读、写各方面的语文素养。培养热爱祖国语言文字的情感,开发语言潜能,全面提高学生的语文素养。
	探究	《真新娃娃中国行》系列课程,包括《人物风采》、《民间艺术》、《民间游戏》、《旅游景点》、《地方经济》五大版块	通过全国各地的版块教育,与同伴以小组的形式进行合作研究,倾听别人的意见,发表自己的看法,相互交流,培养真新娃娃热爱家乡,更热爱学校,热爱上海。
	英语	《英语儿歌》、《英语小报》等	做一个自信的真新娃,锻炼克服困难的意志,认识自己学习的优势与不足,乐于与他人合作,养成和谐和健康向上的品格,拓展国际视野。
	美术	《基础素描》、《折纸入门》、《衍纸乐园》、《魔幻黏土》、《兴趣涂鸦》、《铅笔画》、《中国结艺》、《实物拼图》、《数字油画》等	陶冶真新娃娃们的情操,提高审美能力;引导他们参与文化的传承和交流;发展他们的感知能力和形象思维能力,形成美术创新意识。
	音乐	《经典越剧》、《少儿舞蹈》、《激情拉丁》、《天籁童声》等	感受经典,学会感知音乐的表现形式,鉴赏越剧,在合唱和舞蹈中陶冶真真新娃的情操。
	体育	《激情手球》、《灌篮高手》、《阳光伙伴》、《活力跳踢》等	以"健身育人"为目标,将健身体验、实践和探索贯穿于教学之中,构建面向全体学生的体育健身学校平台。
新课程	语文	《十苑十景》课程	体验校园的美丽,用文字描述学校各个景点的内容,表达对学校的感情。
	数学	《数学思维》课程	通过数学相关的思维训练和数学家的故事,培养真新娃娃们的数学思维。
	自然劳技	《DI 创意思维》、《环保 DIY》	让真新娃娃们感受科技,通过 OM、DI 等国际比赛,让学生在过程中成长,学会解决问题、合作沟通。
	品社	《历史风云》课程	用文献史料和图像史料解读历史,了解中国的形成发展等相关历史,更加丰富《真新娃娃中国行》的内涵。

课程架构	基本课程	特色课程	课程目标
	生命科学	《好奇实验》课程	用眼睛去发现,用实验去感悟,领悟科学、观察、实践的重要性。
	美术	《十苑十景》课程	通过介绍学校里的"十苑十景",用摄影器材和画笔捕捉校园中的美丽。学着做真新小导游,向家长和来校的嘉宾介绍校园。
	信息科技	《电脑达人》课程	利用网络媒介,建立"真新小学"网,表达和宣传我们的学校。
行课程	社会实践	"浏河营地活动"、"高雅艺术欣赏"、"市场探访"、参观真新消防中队、拜访真新养老院等	深入社会、体验生活,真新娃娃们感受周边不同的人生体验。通过实践消除自身的消极面,吸收正能量,锻炼意志力,形成健康向上的人生观。

第四部分　学校课程实施

学校通过"真新行"课程,让每个真新娃在温馨的校园中收获成功,所有课程的开发与实施都以学生的需要为中心,为每一位学生创造机会,提供平台,让每一位学生都得到充分的发展,让每个孩子保持不断探索新奇世界的童心,成长为最棒的真我。

一、真新娃娃课程超市

序号	课程活动版块	科目名称	开设年级	内容要求
1		电脑与生活	三至五	根据开学初制定的课程实施计划进行教学,旨在提升学生的艺术素养,提高技能。积极参加上级组织的相关艺术比赛,并在学校大型活动中展示作品,收集学生优秀作品。
2	真新娃娃练才艺	天籁童声	一	
3		基础素描	三至五	
4		兴趣涂鸦	二	
5		经典越剧	三至五	

嵌入式课程：特色课程的路径和方略

序号	课程活动版块	科目名称	开设年级	内容要求
6		律动拉丁	三至五	
7		硬笔书法	二	
8		铅笔画	一	
9		乐在棋中	三至五	
10		课本剧	三至五	
11		书法与墨画	三至五	
12	真新娃娃学文化	真新娃娃中国行	三至五	根据开学初制定的课程实施计划进行教学,旨在提升学生的文化素养,培养交际等方面技能。积极参加上级相关比赛,如讲故事比赛、征文比赛等,优秀的作品刊登在队刊上。
13		经典诵读	三至五	
14		人物风采	三至五	
15		沪语童谣	一	
16		日常沪语	二	
17		历史风云	三至五	
18		初级日语	三至五	
19		魅力沪语	三至五	
20		写作达人	三至五	
21		数学思维	三至五	
22		英语儿歌	二	
23		看图写话	二	
24		英语小报	二	
25		少儿韩语	四	
26	真新娃娃巧动手	衍纸乐园	三至五	根据开学初制定的课程实施计划进行教学,旨在培养学生的动手操作能力和创新能力。积极参加上级相关科技类比赛,在学校大型节庆活动中进行作品展示,负责收集优秀作品。
27		实物拼图	三至五	
28		中国结艺	三至五	
29		折纸入门	二	
30		魔幻黏土	三至五	
31		好奇实验	三至五	
32		数字油画	三至五	
33		环保DIY	三至五	
34		创意思维	三至五	
35		纸盒世界	三至五	
36		手工布艺	三至五	
37		乐玩黏土	一	

序号	课程活动版块	科目名称	开设年级	内容要求
38	真新娃娃爱运动	激情手球	三至五	根据开学初制定的课程实施计划进行教学,以培养强身健体、提高运动技能为目标,根据学校体育特色进行手球、阳光伙伴等技能训练。积极参加上级相关体育比赛。
39		灌篮高手	四、五	
40		阳光伙伴	三至五	
41		活力跳踢	三至五	

真新娃娃体育行

年级	内容	要求
一	整队、练习广播操、进退场训练、接力跑、跳短绳、游戏、跳踢	1) 按照学校体育活动课安排,准备好体育活动器材。
二	进退场训练、阳光伙伴两人跑、跳踢、接力跑、羽毛球、练习广播操、游戏、长绳一人跳	2) 带领学生进操场。 3) 整队,师生问好。 4) 进行安全教育,布置上课内容。
三	进退场训练、阳光伙伴三人跑、跳踢、手球、羽毛球、跳橡皮筋	5) 教师指导学生做准备运动。 6) 有组织开展活动,及时指导、纠正活动动作。
四	进退场训练、阳光伙伴四人跑、跳踢、手球、羽毛球、呼啦圈	7) 整队下课,归还活动器材。 8) 活动结束记录好每次活动内容。
五	进退场训练、阳光伙伴五人跑、跳踢、篮球、羽毛球、呼啦圈	

真新娃娃社会行

时间	项目	年级	内容要求	指导老师
第1周	校园是我家	一年级	认识、熟悉校园环境,爱护校园环境。	班主任
第2周	我小小公益人	五年级	参加社区卫生清扫,培养学生公益服务的意识。	班主任
第3周	寻访身边英雄	五年级	了解真新地区的军人、劳模等,学习他们高尚的品格和崇高的精神。	关工老同志
第4周	走进轻纺探访	三至五年级	走进市场,了解商品,了解市场经济的发展等。	班主任
第5周	从小学做廉洁小公民	四年级	参观南翔廉洁教育基地,让学生接受廉洁教育,学会分辨是非的能力。	班主任
第6周	争当文明用餐示范员	各年级	学习用餐规则,了解评比要求,学会节约粮食,用餐期间做到安静、有序用餐。	各中队辅导员
第7周	1. 浏河两口活动 2. 课外素质教育实践活动	五年级 一至四年级	体验营地生活,勇敢挑战自我。 走进自然,拥抱自然,拓展知识,开阔视野。	五年级正副班主任 一至四年级正副班主任

嵌入式课程：特色课程的路径和方略

时间	项目	年级	内容要求	指导老师
第8周	寻找身边感动人物	各年级	寻找身边的感动人物,讲一讲他们的事迹,学习他们的乐于助人和无私奉献精神。	班主任
第9周	观看高雅艺术	各年级	观看励志影片,引导学生编织美丽梦想。	全体教师
第10周	参观四海茶艺馆	三年级	了解茶文化,了解茶知识。	德育室总务处
第11周	参观真光消防中队	四年级	向消防官兵学习,树立全心全意为人民服务意识。	三年级班主任
第12周	遵守交通法规,珍爱生命	四、五年级	开展交通安全教育,引导学生自觉遵守交通法规。	德育室
第13周	从小懂孝道	四年级	看望、慰问真新养老院老人,培养学生从小敬老、爱老意识。	大队辅导员和班主任
第14周	小手牵大手,同做守法好公民	各年级	进居住地小区发放宣传资料,宣传法律知识。	德育室
第15周	真新街道我的家	三年级	参观真新街道文化馆,感受社区文化的丰富与魅力。	三年级班主任
第16周	我争章,我快乐	各年级	通过争章考核,让学生感受到争章的光荣与快乐。	各班主任
第17周	参观上海禁毒馆	五年级	了解毒品种类,认识毒品危害,学会远离毒品。	五年级班主任

课程的丰盈，意味着教育的视野不仅仅拘泥于知识技能的传授，意味着有更多带着鲜活气息的内容和主题走进日常课堂，意味着孩子们有更多机会面对深度思考和创新实践的挑战。学习不是只有枯燥的背诵和刷题，还有许多需要用全副感官和心灵去吸收和体会的东西。

处方式课程：以书雅言，以礼雅行，以艺雅兴，以诗雅情
有氧课程：让每一个孩子都能自由呼吸

第二章

丰盈：让生活的光芒照进书本

学习从一开始就本是生动而丰满的。小婴儿努力学着爬向心爱的玩具，长大一点尝试学着自己吃饭穿衣，从牙牙学语到进入学堂，每一步成长都和生活的体验交织在一起，有着强大的内在动力。然而，在进入学校的那一刻起，那些玩耍中学会的本领突然不再有什么了不起，学习似乎一下子换作了严肃的面孔，变成非常抽象的命题。

毋庸置疑，学习决不是一件轻松随便的事情，但孩子们更应该明白，学习不是只有枯燥的背诵和刷题，还有许多需要用全副感官和心灵去吸收和体会的东西。如何才能做到这点？学校教育的课程是最重要的桥梁。课程的丰盈，意味着教育的视野不仅仅拘泥于知识技能的传授，意味着有更多带着鲜活气息的内容和主题走进日常课堂，意味着孩子们有更多机会面对深度思考和创新实践的挑战。

丰盈，有时需要锦上添花。那些人文历史的深度和文化礼仪的气度，那些多元世界的广度和生活体验的温度，都是让课程丰盈起来的素材。在学校的特色课程建设中，不乏一些非常精彩的案例，或是巧妙融合了在地文化，或是勇敢打通了与世界的联结。这些课程的嵌入润物无声，滋养和丰富了孩子们的学习过程。

丰盈，有时也需要做减法。当孩子们的书包变得越来越重，我们不得不思考是否哪里走偏了方向？比如，当一个主题式的探究取代了不同学科中互相关联或重复内容的讲授操练时，我们或许会发现，少即是多，一些对学生们来说并没有太多意义的灌输被淘汰了，聚焦在问题解决上的假设、验证、比较、分析让课程越发充满活力。

加加减减，不过是最简单的四则运算，然而，在课程统整的路径与方略之探究中，这道运算奥妙无穷。思之，行之。

处方式课程：
以书雅言，以礼雅行，以艺雅兴，以诗雅情

方泰小学位于上海市嘉定区安亭镇方泰南首，是一所具有百年历史的公办小学，学校的历史最早可以追溯到 1905 年，由陈乃钧先生创办，前身为私立溧渒小学。1978 年，学校更名为方泰中心校，恢复实行中心校区制。2006 年 8 月改名为上海市嘉定区方泰小学。2014 年 9 月异地搬迁至安亭镇方中路 312 号，这是一座现代化的校舍，环境优美，设施一流。这座政府投资 1.6 个亿的一流校舍用地面积 23357 平方米，总建筑面积 17661 平方米，建筑占地面积 5951 平方米，绿地面积 8242 平方米。新校园传承方泰地域文化中的"简洁、质朴和典雅"，营造出亲切宜人的现代校园环境氛围。

嘉定区方泰小学目前共有 27 个班级，在校学生数约 1170 名。学校以"立本生道"作为办学理念，就是强调探索教育的本源，追求教育的本质，以教师个人的职业道德和职业追求为本，以学生的身心发展和认知规律为本，立足于本校实际，以"本"为基础开展教育教学活动，从而逐渐悟得教育之"道"，形成一种规范，或掌握一些规律；以"特色立校，内涵发展"为办学目标，在继承和发展传统学校特色项目"篆刻"的基础上，在科技教育方面打造"车模"特色项目，在艺术教育方面成立"零点九三音乐社"，组建了"猴子芭蕉乐队"和"古韵悠扬筝乐坊"，并于 2014 年 7 月成立"学校特色项目部"，以"1 主＋2 辅"的模式全面发展学生的个性，提升办学的品质。同时，以"专家定期定人'传、帮、带'"的方式大力培养新教师,以"雅"教育全方位推进学校工作,注重学校的内涵发展;以"进德修业"的教风倡导方泰小学教师既要有职业道德,注重道德修养的提高,又要有职业追求,在自己的工作岗位上有所建树。方泰小学学校先后被评为"上海市家庭教育实验基地"、"上海市无烟学校"、"上海市'做个有道德的人'主题活动联系点"、"嘉定区文明单位"、"嘉定区办学先进单位"、"嘉定区优质学校"、"嘉定区教育系统十佳领导班子"、"嘉定区行规示范校"、"嘉定区未成年人思想道德建设工作示范校"等,取得了可喜的成绩,形成了学校持续发展的态势。

第一部分　学校课程哲学

方泰小学根据"特色立校,内涵发展"办学方略,牢记"立本生道"的校训,提出了"以智启智,以雅育雅"办学理念,随之确立了学校的教育哲学——雅教育,以之促进学校内涵与品质的提升。

一、学校教育哲学：雅教育

在现代汉语中,"雅"既表示正规的、标准的,又表示美好的、高尚的。雅者,不粗不俗,不卑不亢,温文尔雅,落落大方,君子之风范也。形容做任何事都不越规矩,对待别人谦虚、潇洒,不小肚鸡肠,不以物喜,不以己悲。

"雅教育"是一种以雅为目的和手段的学校教育实践形态,它致力给学生一种全方位的、正规的、标准的礼仪和行为的引导和训练,以启迪他们的心智,启发他们内心对于美好和高尚情操的追求和向往。强调内化和感化,通过讲演故事、诵读诗词、演唱歌曲和实践活动等形式,给学生美好的、高尚的文化熏陶和正规的、标准的行为引导,通过"雅言"和"雅行"的倡导与感化,启迪学生的心智,激发他们对于良好行为品德的自我追求和主动实践,达到"雅心"的目的,最终实现"雅言"、"雅行"、"雅兴"、"雅情"——"四雅合一"的四维目标。"以智启智,以雅育雅"之办学理念,教师们将不断反思,不断学习,找到新的专业发展点,努力成为乐学慧行的智慧教师,发展学生的思维,培养高雅的情操,用心读懂学生,读懂学生的内心需求和欲望,敞开着心灵,激发着智慧,竭尽全力把孩子培养成有远大理想、良好习惯、智慧的阳光少年和民族情怀的现代公民,即以教师的智慧集聚启迪学生的智慧,以儒雅的教风培育高雅文明的新一代。

1. "雅教育"的基点:"雅"是对学校民族文化的一种传承。自2005 年始学校就形成了以"篆刻文化"为主的特色教育文化,率先开展了"经典古诗"的诵读活动,在本区教育中产生了一定的影响。"雅教育"的提出根植于方泰小学的历史、愿景于学校的未来,这也是学校文化的最佳契合点。

2. "雅教育"的内涵:我们提出的"雅教育",既体现了时代特征和现代办学理念,又使我们立足现实,在反思与展望中追寻它的足迹。学校紧扣和谐主旋律,努力达成"儒雅的教师、文雅的学生、优雅的校园"。具体包括三个层面:一是立足于发展和塑造具有"宽雅的爱生胸怀、儒雅的教育知能、邃雅的教学方法"的教师队伍;二是培养"举止文雅、内涵博雅、气质贤雅、品德敦雅、学识慧雅"文雅的学生群体;三是建设"和雅温馨、清雅有序、典雅大气"的校园环境。

3. "雅教育"的建构:我们把"雅教育"的具体实施分为七大工程:和谐的管理文化实施工程、优雅的校园文化建设工程、慧雅的课程文化构建工程、和雅的课堂文化开拓工程、儒雅的教师文化创建工程、文雅的学生文化培育工程、"雅育"品牌的腾飞工程。

二、学校课程理念

我们学校的课程理念是:以书雅言,以礼雅行,以艺雅兴,以诗雅情。
具体内涵如下:

1. 以书雅言。首先,学生要养成自觉学好基础型课程的习惯,爱学习、会思考、能提问,老师要充分利用课堂 35 分钟,让学生在自主学习中习得良好的学习方法,打好扎实的知识底蕴,将来可适应进入社会的一切需要;其次,鼓励学生多读书,读好书,学校每年开展主题读书节活动,通过一系列形式多样的读书活动,有效激发学生阅读兴趣,营造良好的书香氛围,不但使学生积累了大量的语言,培养了语感,提高了人文素养,而且对学生个性的培育,想象力的开启,心灵成长和个性发展起到巨大的作用。

2. 以礼雅行。根据《小学生日常行为规范》、《小学生守则》制定《学生雅行为》,规范学生的言行举止,同时根据《学生雅礼仪》还编写了具有学校特色的礼仪童谣,让学生熟记礼仪童谣,培养学生良好的生活习惯、学习习惯和行为习惯,使学生举止文明,行为端庄,通过外塑形象实现内强素质,最终学会做人。

3. 以艺雅兴。为了提高学生的艺术修养,陶冶情操,发展个性,培养"雅兴趣",我们成立学生艺术社团——"猴子芭蕉乐队"、"绿叶文学社"、"雏鹰鼓乐队"、"古筝社团"、"绿叶合唱团"等。学生根据自己的爱好特长,自愿报名参加。这些社团定时、定点、定师资,团内活动蓬勃开展,欢唱50首"雅歌曲",培养了学生的不同兴趣爱好。

4. 以诗雅情。全校学生共同吟唱50首"雅诗词",不同年级有不同侧重的研读诗篇,最后流利地背诵相关的篇目。诵读古诗文对于提升人的境界,丰富人的内涵,开阔人的胸襟,净化人的灵魂,启迪人的智慧,有着极其重要的作用。我们深刻地认识到开展古诗文诵读影响深远。我校自诵读50首"雅诗词"活动以来,在全校范围内逐步掀起经典古诗诵读的高潮,师生都大有收获,深入体味了传统文化的博大精深。

三、学校课程模式：处方式课程

目前在校的小学生,本地的大多是独生子女,娇生惯养,缺失一些必要的礼仪教育;而70%的外地民工子女,父母为了养家糊口,没时间花在孩子身上,把学校当作托儿所、保育院似的。面对如此情况,我们提出"雅教育",即培养"讲雅言、修雅行、养雅兴、育雅情"一代新人,如何将这个理念很好地整合在我们的学科教学中呢? 我们在寻找、探究。

学科教材是完成课程目标的载体，我们是传统的"教教材"，还是"用教材教"？现在的学生不喜欢按部就班的缺乏主动性的课堂教学，"照本宣读"、"满堂灌"，这些过分拘泥于教材内容，忽略学生的需求，已不受人欢迎。而收放自如、以实现课堂目标为主旨的"用教材教"，关注学生的需求，结合身边发生的新闻、趣事，确保了教学内容的时代性、趣味性、体验性，让教学贴近生活。

我们提出了处方式课程模式，研发"1＋X"学科课程群，将"雅"的思想融入学科课程群中，从诊断到处方，从处方到应用，从应用到反馈，将"雅"意识紧密结合到教学中去，这就是要关注现在小学生的缺失需求，将周边的能提升学生品质新闻、趣事，融入教育教学中去，让我们的教学内容具有时代性、趣味性、体验性，让教学贴近生活，让方小的学生成为"举止文雅、谈吐儒雅、心智高雅"的好小公民。

第二部分　课程目标

一、培养目标

学校将"雅"深入全体师生心田，牢固树立"雅"的观念——"雅言、雅行、雅兴和雅情"，培养"讲雅言、修雅行、养雅兴、育雅情"一代少年儿童，让他们"举止文雅、谈吐儒雅、心智高雅"，从而提高学生的公民素养，提升校园的文明程度。

——"雅言"：礼貌而有文明，诚实而有守信，我们的每一位学生都形象气质好，语言儒雅而文明。

——"雅行"：文雅而有修养，博学而有品味，我们的每一个学生都被培养成为"秀外慧中的现代东方小博士"。"秀外"是对人外部行为表现的要求，如儒雅的形态、文雅的举止、高雅的情操等；"慧中"是对人内在知识、情感素质的要求。

——"雅兴"：高雅的兴趣，即高尚而不粗俗的兴趣，琴、棋、书、画等展现自己,感受到成功的喜悦。

——"雅情":不粗不俗,不卑不亢,温文尔雅,落落大方,君子之风范,高雅之情谊,浓厚之兴趣。

二、课程目标

培养目标是通过课程目标去达成的,为了实现培养目标,我们对课程内容体系进行系统构建,形成低、中、高的课程,具体如下表:

维度 目标	低年级	中年级	高年级
讲雅言	掌握低年级段文化课程标准规定的要求,培养良好的学习和生活习惯。待人有礼貌,说话文明,讲普通话,会用礼貌用语。诚实守信,不说谎话,答应别人的事努力做到,做不到时表示歉意。关心自己生活环境,初步学会爱护环境,不乱扔垃圾。形成对学习、对生活的自信与活力。形成爱班级、爱学校、爱父母、爱老师的真实情感。	掌握低中年级段文化课程标准规定的要求,养成自觉、自主学习习惯。待人有礼貌,说话文明,讲普通话,会用礼貌用语。诚实守信,不说谎话,答应别人的事努力做到,做不到时表示歉意。懂得基本的做人道理,必要的处事能力。形成基本的行为习惯。关心社会环境,能处理好个人与环境的关系,保护自然。养成对自己、对班级的责任感。树立较强的自信,形成爱学校、爱社区的情感。	掌握高年级段文化课程标准规定的要求,自觉养成独立学习和生活习惯。尊老爱幼,平等待人,说话文明,讲普通话,会用礼貌用语。诚实守信,不说谎话,答应别人的事努力做到,做不到时表示歉意。懂得为人处事的基本准则,树立正确的人生观,具有积极向上的人生态度、高昂的生命意识,明确人生的价值、意义,处理好个人与集体、社会的关系,爱护自然,具有基础的环保意识,认识人类与自然的相互依存关系。拥有强烈的社会责任感,具有诚实、守信的品格,培养言行一致的风格,养成10个良好的行为习惯。形成较强的自信心,充满活力,充满智慧,充满创造力。具有爱家乡、爱社会、爱国家的情感。
修雅行	热爱生活,热爱父母,关心父母身体健康,能为父母端水敬茶。尊敬老师,关心同学,见面行礼,主动问好。坐如一台钟,站似一棵松。能对日常常见问题	热爱生活,尊敬父母,体贴父母,能嘘寒问暖,主动为家庭做力所能及的事。尊敬老师,友爱同学,见面行礼,主动问好,坐姿挺拔、端庄,行为文明守纪。能对自然界现象提	热爱生活,尊敬父母,关心父母身体健康,主动为家庭担当起必要的家务劳动。尊敬老师,能主动为老师服务,能帮助有困难的同学解决困难,学会勇于担当,言行一致,文明礼貌,不弄虚作假,有正气。能对人生问题提出"为什么",并能独立探究问题的答案。学习积极

维度 \ 目标	低年级	中年级	高年级
	提出"为什么"，并能尝试去探究问题的答案。学习积极主动，能独立思考，对问题有自己独特的看法与见解。	出"为什么"，并能尝试独立去探究问题的答案。学习积极主动，对自己有自信，能独立思考，能表达自己的感受，表达有力的观点，有与他人不一样的解决问题的方法与策略。	主动，对自己有自信，能独立思考，能表达自己的感受，表达有力的观点，有独特个性的解决问题的方法与策略。
养雅兴	衣着整洁，待人有礼貌，热爱学习，掌握低年段文化课程标准规定的要求。基本养成听、说、读、写的良好习惯。能静下心来看看书，写写字。知道基本的安全知识，具有初步的自我保护的意识、能力和热爱生命的情感。	衣着整洁，学会自理，自己的事儿自己做，热爱学习，形成浓厚的学习兴趣，掌握中年级文化课程标准规定的要求，进一步养成听、说、读、写的良好习惯，能注重联系实际，初步会将所学习的知识与技能运用于生活。掌握一定的生活技能，掌握学校与家庭紧急逃生策略。能用简单的工具对物体进行观察。	衣着整洁，举止文雅，能主动帮助父母做一些必要的家务劳动，爱父母，孝长辈，热爱学习，保持浓厚的学习兴趣。掌握高年级文化课程标准规定的要求。养成较好的听、说、读、写的良好习惯。能熟练地将所学运用于实践。会运用多种途径获取支撑自己论点的材料，学习从不同的角度去思考问题，尽可能多地寻找解决问题的方法。学习比较全面地看待社会生活中发生的事件，处理生活中发生的问题。
育雅情	进校门能主动向老师问好，向同学问早，别人有困难能主动帮助，能分清谁是谁非，知道基本的安全知识，具有初步的自我保护的意识、能力和热爱生命的情感。养成在日常学校、家庭、社会生活中动脑筋、想问题的习惯，遇到有兴趣但不太懂的事情喜欢问教师，问家长，会动手查资料、找答案。	尊敬老师，友爱同学，主动帮助有困难同学，看到不良行为和现象能据理力争，掌握一定的生活技能，掌握学校与家庭紧急逃生策略。能用简单的工具对物体进行较细致的观察。能大胆提出问题，对所提出的问题进行比较和评价，并会探究涉及提出问题，解答问题，能提出复杂的有一定深度的问题。	能尊敬师长，热爱同学，爱憎分明，有爱心，主动帮助有困难的人，不粗不俗，不卑不亢，有强烈的正义感，为人温文尔雅，落落大方，有君子之风范。会运用相关途径获取支撑自己论点的材料，运用哪些辩论策略，驳倒对方，阐述怎样激发学生的道德情感等。 学习从不同的角度去思考问题，尽可能多地寻找解决问题的方法。学习比较全面地看待社会生活中发生的事件，处理生活中发生的问题。

第三部分　学校课程体系

一、学校课程结构："E"型结构

在这样的思想指导下,构筑具有方小特色的"处方式"课程体系的基本板块:学科特色课程("1＋X"学科课程群)、行规礼仪课程、兴趣爱好课程和文化寻访课程。这一课程结构可以统称为"E"型课程。

学科特色课程("1＋X"学科课程群)是一种发展性的课程,在基础课程的基本知识、基本技能训练基础上,从广度和深度上对基础课程相关的教学内容进行拓展,面向每一个学生,全面发展学生的个性特长;行规礼仪课程是规范学生礼仪,雅正言行,提升修养;文化寻访课程的教学内容主要来自周边独特的社区活动营造的资源课程,将有助于学生将来步入社会,适应社会服务;而兴趣爱好课程是学生自主设计,自我管理,以满足他们兴趣爱好和个性特长发展的活动课程。上述课程相辅相成,逐步深化,共同提高学生的综合素质,全面发展学生的创新精神和实践能力。

"E"型课程的具体安排如下:

1. 课程之一：学科特色课程("E"中的"I")

学科特色课程:将现行小学课程计划中必修课程中的拓展性教学内容移到教学课程中,要求教师在压缩后的时间内完成相应部分的教学任务。基础知识必须牢固和扎实掌握,基础部分教学时间减少,要求不降低,为此,基础部分教学就必须充分提高课堂教学的效率。

2. 课程之二：行规礼仪课程("E"中的上"一")

行规礼仪课程就是对学生进行德育思想教育的课程,通过一个个喜闻乐见的少先队活动,培养学生具有规范的文明礼仪、认真的学习习惯、高尚的道德情操……让每个学生"举止文雅、谈吐儒雅、心智高雅",从而提高学生的公民素养,提升校园的文明程度。

3. 课程之三：兴趣爱好课程("E"中的中"一")

为学生提供一个个性发展的选修课程平台。学生将在这样的平台上自主进行选择性的学习,根据自己的兴趣、爱好在学校开设的各个兴趣课程中选择自己喜爱的科目进行学习。充分照顾不同水平学生的需要,按照低、中、高不同级别,学校开设一些学生喜闻乐见的兴趣活动项目。

4. 课程之四：文化寻访课程("E"中的下"一")

文化寻访课程主要来自周边独特的社区活动营造的资源课程,对学生将来步入社会,适应社会服务。富足的安亭汽车城给予我们得天独厚的资源：悠久的历史探究、浓厚的文化底蕴探访、上海市第一古树探秘、新型而生的"F1"赛车场寻访……这些无不让孩子们感受到家乡的勃勃生机和欣欣向荣,培养孩子们热爱家乡、热爱祖国的无限热情。

这样一个课程板块体系的基本机制是：学生在学习基本的文化课程外,依据自己的兴趣和特长、条件和基础选择不同的特色课程进行学习,参与不同社团开展活动,在这种拓展性、发展性的学习中,学生必然会更多关注自身发展的一些问题,并就该问题学习更多的知识、产生更多的思考,相当部分学生会产生进一步研究和探讨的冲动,这样的学习,学生学得主动,学得快乐。

二、学校课程设置

课程分类	基本课程	特色课程	课程目标
学科特色课程	语文	无处不在的语文	(语文)基于课程标准,针对年段特点开展各种特色课程,发挥语文课程的工具性与人文性特点,培养学生对语文学习的兴趣与爱好。
	数学	身边的数学	(数学)促使教师与编者对话,与生活对话,与时代对话,与学生对话,增强对教材、资源、课堂的理解,促使学生在课堂中联系生活,用数学的思维发展智力;在课外用数学的思考去发现数学,运用数学,从而发展心智,热爱数学。
	英语	Interesting English (趣味英语)	(英语)让孩子能够快乐地说英语,在生活中运用简单的英语进行交流,培养孩子良好的语音和语感。

课程分类	基本课程	特色课程	课程目标
	品社	"我爱我嘉"	(品社)从家庭、社区、社会、历史等方面了解嘉定。能在老师的指导下组织或参与适当的活动进行探究,对探究有兴趣。通过对嘉定的了解,进一步产生对嘉定的热爱之情。
	音乐	雅歌曲,伴我行	(音乐)培养学生对音乐的感悟和兴趣为核心,在整个音乐教学过程中要以雅歌曲的美感来感染学生,用雅的情感来陶冶学生,进而使学生逐步形成健康的音乐审美能力,感知音乐的魅力。
	美术	炫彩水粉画	(美术)以社会主义核心价值体系为导向,以学生发展为本,培养学生的人文精神和对美的兴趣,促进学生健全人格的形成,促进他们全面发展奠定良好的基础。
	体育	走进传统体育游戏	(体育)了解我国传统体育游戏,能掌握两项游戏技能,并了解这两项游戏的相关历史与比赛规则。在参加传统体育游戏过程中逐渐养成勇于拼搏、团结互助、遵守规则的优良品质,并养成每天锻炼一小时的运动习惯。积极参加各项游戏活动,在活动中增进与同学和老师以及家人的感情并激发自身的爱国情感。
行规礼仪课程	礼仪	生活中的礼仪	开展一系列的行规礼仪体验性教育活动,增强学生的切身体验,使之内化为自己的行为。举行丰富多彩的行规礼仪主题培训活动,使学生养成良好的行规礼仪。
	行规	践行社会主义核心价值观	将培育与践行社会主义核心价值观融入学校的德育教育工作中。从核心价值观24个字出发,让学生了解核心价值观的含义,让学生在学习生活中践行社会主义核心价值观。
兴趣爱好课程	社团活动	丰富多彩的社团活动	低年级: 学生通过多种形式的学习方式来初步体验和了解自己感兴趣的学习内容,在老师的指导下会选择自己感兴趣的社团,在学习活动中积极表达自己的看法,学习质疑,尝试通过请教、讨论等方式解决自己碰到的小问题,乐于参加学习活动,有学习的兴趣。 中年级: 清晰地了解自己的学习兴趣和爱好,并愿意为发展自己的兴趣爱好而努力,能运用自身的知识基础和生活经验通过观察、实验、操作等方式来思考与日常生活相关联的现象和规律,有较为强烈的求知欲望和参与意识,有一定的质疑能力,学习感受知识的博大、技能的魅力、艺术的成就等,初步

课程分类	基本课程	特色课程	课程目标
			建立求知的内在力量。 高年级： 学会选择适合自己的学习内容、学习方法,懂得怎样发展自己的兴趣爱好,学习的兴趣爱好有较强的稳定性,能运用自身的知识基础和生活经验通过观察、实验、操作、合作、探究等方式来解决自身学习、生活中的问题,有较为强烈的求知欲望和参与意识,进行较有价值的质疑,在活动中学习迁移的方法,具有初步的解决问题的能力。 在美术学科中,选择对学生发展有用的、感兴趣的,学生能够学会的知识与技能,再和学生的生活经验相联系,让他们愉快地学习,合作地学习,探究性地学习,综合地学习。改变只注重知识传授和训练学生绘画能力的传统教学方式,重视学生的全面发展,形成积极主动的学习态度,使学生获得知识与技能过程的同时成为学会学习和形成正确价值观的过程。
	篆刻	有趣的篆刻活动	通过"赏、识、书、临、创"使学生会欣赏、认篆字、写篆字、临刻篆刻、创作篆刻,最后感悟民族文化的情怀。
实践体验课程	访古探今	社会实践体验活动	社会实践活动是小学德育的重要载体,是深入推进素质教育的有力抓手。组织小学生开展社会实践活动,通过对家乡从古至今具有代表性地方的探访、实践,是加强学校德育工作,深化课程改革,完善课程体系和学生接触自然,了解社会,拓宽视野,丰富知识,提高社会实践能力和综合素质的内在需要,是减轻学生过重课业负担,培养学生兴趣爱好,丰富学生课余生活的重要渠道。鼓励学生到实践基地、爱国主义教育基地和社区等开展丰富多彩的社会实践活动。鼓励学生根据乡情、民情、校情,在老师和家长的帮助下,创作符合年龄特点、朗朗上口的童谣,继而在传唱、体验、展演中提高自己,内化为对家乡历史、人文的认识、理解、热爱;内化为对文明、礼仪、孝亲爱老的认识、遵循。从而激发学生的乡情,培养学生的爱国主义情怀,培养广大学生的创新精神与实践能力,综合运用知识解决问题的能力,树立学生社会责任感,促进学生全面发展。
	走进 F1	车城文化寻访	
	童谣传唱	唱童谣、育雅情	

　　根据上表,对特色课程按照年级水平进行设置,构建了我们方泰小学的"处方式课程"的具体框架表。

课程	学科特色课程							行规礼仪课程		兴趣爱好课程		实践体验课程		
主题	语文	数学	英语	品社	美术	体育	音乐	礼仪	行规	篆刻	社团活动	社会实践体验活动	车城文化寻访	唱童谣·育雅情
主题	无处不在的语文	身边的数学	Interesting English	我爱我嘉	画画我的小伙伴（水粉画）	走进传统体育游戏	雅歌曲,伴我行	生活中的礼仪	践行社会主义核心价值观	有趣篆刻	丰富多彩的社团活动	学校校史馆	学校F1赛车图片展	爱祖国、爱学校、爱学习
一上	拼音碰碰撞	数字儿歌	Interesting English chants	我的学校		传统体育游戏知多少	敲乐节奏游戏	形象礼仪	学写社会主义核心价值观24字	赏	涂色画、折纸、弄小游戏等	古树公园	学校车模赛道	讲文明、懂礼仪、爱清洁
一下	识字游戏	我们认识的数	Interesting English chants	我的家		"我们家的"传统体育游戏	嘉定童谣	课堂礼仪		赏	儿童画、剪纸、象棋等	安亭新镇	安亭汽车博览园	爱祖国、爱自然、爱集体
二上	查字高手	快乐七巧板	Interesting English rhymes	我的社区		传统体育游戏——童谣类	欣赏民族舞	课堂礼仪	学唱社会主义核心价值观歌	识	古诗诵读、成语故事、儿童画等	二黄墓	安亭国际车展	守规矩、讲诚信、尊师长
二下	词语超市	有趣的搭配	Interesting English rhymes	赛车场探秘		传统体育游戏——协调类	学跳街舞	活动礼仪		识	朗读与摘抄、舞蹈、英语书写等	安亭老街	大众发动机厂	爱祖国、讲奉献、乐助人

课程	学科特色课程							行规礼仪课程		兴趣爱好课程		实践体验课程		唱童谣、育雅情
	语文	英语	数学	品社	美术	体育	音乐	礼仪	行规	篆刻	社团活动	社会实践体验活动	车城文化寻访	
三上	书法启蒙	Interesting English songs	轴对称图形	安亭汽车城	认识色彩	传统体育游戏——棋类	古诗吟唱	活动礼仪	制作社会核心价值观小报	书	舞蹈、中国结、鼓号队等	安亭博览公园	F1赛事（电视直播）	严守纪、善学习、乐参与
三下	好读善记	Interesting English songs	城市新貌	安亭的历史	美丽的动物	传统体育游戏——跳跃类	创编与表演	课堂礼仪		书	Happy sing、水粉画、赛车手工等	嘉定博物馆	大众汽车厂（总装车间）	爱祖国、孝长辈、懂事理
四上	成语接龙	Interesting English stories	巧算"24"	嘉定新城	多彩的花卉	传统体育游戏——力量类	上海童谣	集会礼仪	创设社会核心价值观小品	临	雅诗吟唱、现场急救、陆战棋等	松鹤园	F1赛事（电视直播）	善合作、能互助、同进步
四下	汉字达人	Interesting English stories	我们去春游	嘉定特产	可爱的伙伴	传统体育游戏——投掷类	沪语歌曲	课堂礼仪		临	十字绣、古筝、茶艺等	外冈游击队纪念馆	参观F1赛车场	爱祖国、守公德、做榜样

课程	学科特色课程							行规礼仪课程		兴趣爱好课程		实践体验课程		
	语文	英语	数学	品社	美术	体育	音乐	礼仪	行规	篆刻	社团活动	社会实践体验活动	车城文化寻访	唱童谣、育雅情
五上	慧雅书童系列活动	Interesting English 配音秀	美丽的图案	嘉定历史	大师的静物	传统体育游戏——平衡类	中外民歌欣赏	交往礼仪	设计社会主义核心价值观辅导教案	创	软笔书法、西点师、快乐音标等	嘉定新城	现场观摩F1赛事	有理想、会创新、能进取
五下	文之古今系列活动	Interesting English 配音秀	数学谜语	嘉定名人	家乡的风景	传统体育游戏——体能类	学唱中外民歌	集会礼仪		创	手语、数学油画、茶艺等	课外素质教育活动	课外素质教育活动	校园文化节、读书节
每年整合的活动	校园读书节系列活动	英语周系列活动	数学周系列活动	校园文化节	艺术展览系列活动	体育节系列活动	艺术节系列活动	校"七彩之星"礼仪之星	践行社会主义核心价值主题活动	小型展览	学校的各类活动中	整合到少先队活动课中	整合到少先队活动课中	整合到少先队活动会课中
课时安排	整合到语文课程与兴趣课程中	整合到英语课程中	整合到数学课程中	整合到品社课程中	每周安排一课时	整合到体育课程中	整合到周三下午兴趣课中	整合到班队课中	整合到班队课中	每周一课的课程中	整合到周三下午兴趣课中	整合到少先队活动课中	社会实践活动时间	整合到少先队活动课中

第四部分　课程实施与评价

　　学校以"处方式课程"为抓手，致力于培养具有"以智启智，以雅育雅"的儿童，让孩子们在雅教育中进行"雅"熏陶的过程。

　　我们的处方式课程主要将"雅"的思想融入学科课程群中，诊断出每个年级学生的个性和爱好，为他们量身定做出一个个活动的处方，从处方的实施和应用、最后到效果的反馈，将"雅"意识紧密结合到教学中去，这就会关注现在小学生的缺失需求，让我们的教学内容具有时代性、趣味性、体验性，让教学贴近生活，让方小的学生成为"举止文雅、谈吐儒雅、心智高雅"的好小公民。

一、课程实施

1. 学科特色课程的实施

无处不在的语文

实施年级	微型课程	学习目标	课程资源	活动设计
一上	拼音碰撞	掌握汉语拼音的朗读方法，奠定扎实的拼音基础	读音、图形与动作相结合的拼音儿歌	1. 自编拼音顺口溜 2. 学唱儿歌 3. 交流表演
一下	识字游戏	积累各种识字方法，能自主用喜欢的方法识记生字	识字方法游戏	1. 教师示范 2. 学生实践 3. 识字比赛
二上	查字高手	学习使用部首查字法和音序查字法自学生字	查字顺口溜	1. 教师示范 2. 查字比赛（竞速）
二下	词语超市	积累同类词语，并学习将词语分类	积累栏、黑板报	1. 同类词语比拼（组队） 2. 词语快速分类
三上	书法启蒙	在硬笔书法的基础上，学习使用毛笔和软笔书法的相关基础知识	书法老师、书法家协会	1. 参观书法家作品 2. 了解中国书法历史 3. 执笔练习

实施年级	微型课程	学习目标	课程资源	活动设计
三下	好读善记	学习在阅读过程中进行记录或旁批,学习读书笔记的写法	校园读书节,课前两分钟	1. 学习在课文中进行记录 2. 学习在课外读物中进行记录 3. 学习完成读书笔记
四上	成语接龙	扩大成语积累量	积累栏	成语接龙比赛
四下	汉字达人	扩大同音字与形近字的积累量	积累栏	汉字达人比赛
五上	慧雅书童	自主完成一份读书成果并参加展览(小报、书签、网页……形式不限)	校园读书节	1. 家校合力 2. 成果展示
五下	文之古今	通过网络,选自己感兴趣的主题,了解古今语文的变迁,感受汉语之美	电脑课,课前两分钟	成果展示(演讲)

Interesting English

实施年级学期	小课程	学习目标	课程资源	活动设计
一上	Interesting English chants	学唱一些简单的英语儿歌,激发学生对英语的学习兴趣,培养学生良好的语感	区课程资源中相关主题课件中的儿歌	1. 欣赏英语儿歌 2. 试着跟读,加上节奏或者音乐跟读,或者基础较好的学生可以自编儿歌
一下	Interesting English chants	学唱一些简单的英语儿歌,激发学生对英语的学习兴趣,培养学生良好的语感	区课程资源中相关主题课件中的儿歌或者 App 中的资源	1. 欣赏英语儿歌 2. 试着跟读,加上节奏或者音乐跟读,或者基础较好的学生可以自编儿歌
二上	Interesting English rhymes	二年级学生经过一年的英语学习已经积累了一定量的词汇,在一年级学唱儿歌的基础上引导学生挑战稍高难度的节奏小诗。培养学生良好的语感和激发学生学习英语的积极性	教师自编儿歌或者课件资源中整理的相关节奏小诗	1. 听一听 flash 中的节奏小诗 2. 跟着 flash 学一学小诗的读音 3. 说一说小诗的语义 4. 组内演一演小诗

实施年级学期	小课程	学习目标	课程资源	活动设计
二下	Interesting English rhymes	二年级学生经过一年的英语学习已经积累了一定量的词汇，在一年级学唱儿歌的基础上引导学生挑战稍高难度的节奏小诗。培养学生良好的语感和激发学生学习英语的积极性	教师自编儿歌或者课件资源中整理的相关节奏小诗	1. 听一听 flash 中的节奏小诗 2. 跟着 flash 学一学小诗的读音 3. 说一说小诗的语义 4. 组内演一演小诗
三上	Interesting English songs	三年级学生的语言知识更加丰富了，通过学唱各种主题的有趣英语歌曲，激发学生的学习兴趣，培养学生的良好语感和乐感。体会不同的语言文化	课程资源中的英语歌曲、App 软件中的歌曲、互联网上下载的各类歌曲	1. 听一听英语歌曲 2. 说一说歌词的含义 3. 了解英语歌曲的语言背景 4. 跟着唱一唱歌曲 5. 组内竞赛表演歌曲 6. 课前二分钟预备铃演唱歌曲
三下	Interesting English songs	三年级学生的语言知识更加丰富了，通过学唱各种主题的有趣英语歌曲，激发学生的学习兴趣，培养学生的良好语感和乐感。体会不同的语言文化	课程资源中的英语歌曲、App 软件中的歌曲、互联网上下载的各类歌曲	1. 听一听英语歌曲 2. 说一说歌词的含义 3. 了解英语歌曲的语言背景 4. 跟着唱一唱歌曲 5. 组内竞赛表演歌曲 6. 课前二分钟预备铃演唱歌曲
四上	Interesting English stories	通过故事的阅读，激发学生对英语的阅读兴趣，提高学生对英语的理解力	APP"纳米盒"中的英语手绘本故事	1. 学生下载纳米盒软件 2. 听一听纳米盒中的故事 3. 说一说故事的意思 4. 演一演故事 5. 续编故事
四下	Interesting English stories	通过故事的阅读，激发学生对英语的阅读兴趣，提高学生对英语的理解力	APP"纳米盒"中的英语手绘本故事	1. 学生下载纳米盒软件 2. 听一听纳米盒中的故事 3. 说一说故事的意思 4. 演一演故事 5. 续编故事

实施年级学期	小课程	学习目标	课程资源	活动设计
五上	Interesting English 配音秀	通过对卡通片段的配音,初步培养学生的语言运用能力和进一步提高学生对英语的理解能力,同时培养了学生的良好语感	线上软件"配音秀"、教师自己制作视频资料网络资源	1. 在"配音秀"软件中搜索并下载适合五年级语言水平的卡通片段 2. 听一听原版的录音 3. 说一说该段语言的含义 4. 根据视频配音 5. 组内合作配音 6. 合成自己独一无二的作品 7. 欣赏作品
五下	Interesting English 配音秀	通过对卡通片段的配音,初步培养学生的语言运用能力和进一步提高学生对英语的理解能力,同时培养了学生的良好语感	线上软件"配音秀"、教师自己制作视频资料网络资源	1. 在"配音秀"软件中搜索并下载适合五年级语言水平的卡通片段 2. 听一听原版的录音 3. 说一说该段语言的含义 4. 根据视频配音 5. 组内合作配音 6. 合成自己独一无二的作品 7. 欣赏作品

身边的数学

实施年级	微型课程	学习目标	课程资源	活动设计
一上	数字儿歌	通过学唱数学儿歌,激发学生学习数学的兴趣	数数歌、数学加减法口诀儿歌	1. 观看视频 2. 学唱儿歌 3. 交流表演
一下	我们认识的数	学会观察数与数之间的规律,培养学生的观察和思维能力	教学课件(找规律)	1. 课件演示:认识规律 2. 尝试寻找规律 3. 创造一组有规律的数列
二上	快乐"七巧"	了解七巧板的特点,在动手拼搭七巧板的过程中感悟数学学习的乐趣	教学课件(七巧板)	1. 介绍有趣的七巧板 2. 欣赏七巧板的小作品 3. 创造自己的七巧板作品

实施年级	微型课程	学习目标	课程资源	活动设计
二下	有趣的搭配	经历探索简单事物组合规律的过程;培养学生有顺序地全面地思考问题的意识;感受数学与生活的紧密联系,激发学生学好数学的信心	数学课件(有趣的搭配)	1. 了解搭配的原则 2. 尝试进行搭配 3. 交流搭配的心得
三上	轴对称图形	了解轴对称图形的特点,感悟生活中的对称美	教学课件与相关视频(各类轴对称图形)	1. 说一说生活中的对称现象 2. 了解轴对称图形 3. 动手创造一个轴对称图形(画一画、剪一剪) 4. 生活中的对称(视频欣赏)
三下	城市新貌	巩固长方形、正方形周长、面积计算方法,认识到城市的日新月异	数学课件	1. 复习长方形、正方形周长、面积计算方法 2. 观摩 3. 尝试创作 4. 展示
四上	巧算"24"	了解巧算"24"的方法,感受数学的趣味性	教学课件	1. 介绍巧算24的规则 2. 尝试算24 3. 巧算小擂台,比比谁的计算快
四下	我们去春游	学会购物,购物中的数学问题,春游的路线,春游包车问题等	教学课件	1. 交流春游中涉及的数学问题 2. 分组解决 3. 交流,展示解决成果
五上	美丽的图案	通过活动,了解各基本图形的特征,能利用各基本图形创造出美丽的图案	教学课件(各基本图形资源)	1. 了解各基本图形的特征 2. 观摩由基本图形创造的图片 3. 模仿创作 4. 展示交流
五下	数学谜语	通过收集数学谜语,感受数学谜语的趣味性,拓展学生数学思维	教学课件(相关数学谜语资源)	1. 收集数学谜语 2. 猜谜比赛 3. 创编数学谜语

我爱我嘉

实施年级	微型课程	学习目标	课程资源	活动设计
一上	我的学校	通过了解学校及学校生活，尽快习惯学校生活，养成良好的学习习惯	1. 品社课本 2. 学校的规章制度 3. 学校实际情况	1. 校园"探秘" 2. 说不同：说说小学生活与幼儿园生活的不同之处 3. 表决心：怎么做才能让自己成为合格的小学生
一下	我的家	通过了解自己的家庭和家族关系，产生对家庭、长辈浓浓的爱意	1. 品社课本 2. 家庭实际情况	1. 我的"小家"：介绍自己的家庭 2. 我的"大家"：自己的家族中，有哪些血缘较近的亲戚
二上	我的社区	通过对社区和社区工作人员的了解，产生"社区是我家"的情感，从而热爱社区，尊重社区工作人员	1. 品社课本 2. 自己所在小区的实际情况	1. 介绍自己所在小区 2. 小区中有哪些工作人员，他们的工作给自己的生活带来了什么 3. 在小区中生活，应该怎样做才算尊重工作人员
二下	赛车场探秘	通过对赛车场的"探秘"，了解赛车运动，了解"安亭汽车城"，产生对家乡的热爱之情	1. 参观上海赛车场 2. 赛车运动简介	课前组织学生参观赛车场。 1. 说说参观赛车场时看到了什么？有什么感觉 2. 了解赛车运动 3. 介绍赛车场坐落嘉定的原因
三上	安亭汽车城	通过参观汽车博览馆及了解安亭的汽车制造业，知道安亭是"汽车城"，产生自豪之情。	1. 参观汽车博览馆 2. 安亭汽车制造业简介	课前组织学生参观汽车博览馆。 1. 在汽车博览馆中，你看到了哪些车 2. 简单了解车辆的制造过程 3. 描绘未来的汽车
三下	安亭的历史	通过认识安亭的昨天、今天、明天，对安亭产生进一步的自豪与热爱之情	1. 有关安亭历史的视频 2.《安亭的昨天、今天、明天》	课前阅读《安亭的昨天、今天、明天》。 1. 观看相关视频 2. 介绍自己从家人、长辈那里了解到的安亭 3. 说说今天的安亭给我们生活带来了什么 4. 你希望安亭的明天是怎样的
四上	嘉定新城	通过游览嘉定新城，了解嘉定新城的发展与规划，产生自豪之情	1. 游览嘉定新城 2. 观看视频	课前组织学生参观嘉定新城、远香湖等地。 1. 观看有关视频 2. 请家住嘉定新城的同学介绍自家附近的情况 3. 老城、新城你更喜欢哪

实施年级	微型课程	学习目标	课程资源	活动设计
四下	嘉定特产	通过看、闻、尝、做等方式认识嘉定特产，产生自豪之情	1. 嘉定特产展示 2. 观看视频	1. 嘉定特产展示会 2. 尝一尝、看一看、闻一闻、做一做 3. 介绍自己准备好的有关嘉定特产的资料
五上	嘉定历史	通过各种方式了解嘉定历史，对嘉定历史有进一步探究的愿望	1. 观看视频 2. 查阅资料	1. 观看有关视频 2. 介绍自己准备的资料
五下	嘉定名人	通过各种方式了解嘉定历史上的名人，对嘉定历史及名人有进一步探究的愿望	1. 观看视频 2. 查阅资料	1. 观看有关视频 2. 介绍自己准备的资料

雅歌曲，伴我行

实施年级学期	小课程	学习目标	课程资源	活动设计
一上	鼓乐节奏游戏	1. 听觉分辨音的强弱，找出生活中强弱规律的变化 2. 用自己的方法表现声音的强弱 3. 表现简单的节奏型	鼓乐节奏游戏视频、谱例	1. 律动体验 2. 玩打击乐器 3. 跟着鼓声走 4. 创编新节奏，表演 5. 齐奏，合奏
一下	嘉定童谣	1. 用清晰、标准的嘉定方言来歌唱 2. 能用柔美的歌声表现摇篮曲风格 3. 对家乡文化的热爱	范唱视频书面资料民间采风	1. 一起回忆玩玩上海弄堂游戏 2. 欣赏合唱版童谣 3. 学唱童谣
二上	欣赏民族舞	欣赏各个民族的舞蹈，对民族文化有更多的了解，让民族的精髓和文化传承，使之成为世界的艺术瑰宝	课前探究；网络搜集；比赛视频	1. 了解各个民族的文化和生活习惯 2. 在舞蹈中追寻每个民族的特色 3. 从舞蹈与音乐中感受民族的魅力
二下	学跳街舞	街舞在嘉定五金城里有个课外班，许多学生课余参与了学习，学校就将这个搬进教材，让学生们感受这个艺术的魅力	查阅资料，观看草编过程，舞蹈视频	1. 查阅街舞的历史 2. 观看街舞的舞蹈，从舞蹈中了解舞文化 3. 了解舞蹈中每个动作的寓意 4. 学简单街舞的动作

嵌入式课程：特色课程的路径和方略

实施年级学期	小课程	学习目标	课程资源	活动设计
三上	古诗吟唱	1. 打造传统文化底蕴，构建新的人文精神 2. 运用"读、唱、吟"等多元性学习方法，倾注更多的人文关怀，激发学生的情感渴望，点燃孩子们的心灵火花，从而感受中华传统文化的魅力，激发他们对传统文化的热爱之情 3. 能随着伴奏音乐进行古诗吟唱	《中国唱诗班》第一辑：中华优秀传统诗词"诗乐启蒙"16首	1. 古诗赏析（作者、创作背景） 2. 诵读 3. 欣赏古诗吟唱 4. 学唱
三下	创编与表演	1. 打造传统文化底蕴，构建新的人文精神 2. 运用"读、唱、吟、舞、演、评"等多元性学习方法，倾注更多的人文关怀，激发学生的情感渴望，点燃孩子们的心灵火花，从而感受中华传统文化的魅力，激发他们对传统文化的热爱之情	1.《中国唱诗班》第一辑：中华优秀传统诗词"诗乐启蒙"16首 2. 网络搜集古诗吟唱表演视频	1. 复习第一学期所教的古诗吟唱 2. 欣赏表演视频 3. 自选曲目，分组合作创编与表演 4. 分组展示，学生互评
四上	上海童谣	通过搜集、学唱上海童谣，感受童谣带来的乐趣，了解上海童谣所展现的老上海的生活场景	课前探究、网络搜集有关上海童谣的音频和视频资料	1. 课前搜集上海童谣 2. 组织交流 3. 学唱上海童谣
四下	沪语歌曲	通过课前探究、学唱沪语歌曲，感受歌曲带来的乐趣，培养学生热爱家乡、热爱上海的感情	课前探究、网络搜集沪语歌曲《小皮球》、《叫卖小调》等歌曲的音频和视频资料	1. 课前搜集上海童谣 2. 组织交流 3. 学唱沪语歌曲

实施年级学期	小课程	学习目标	课程资源	活动设计
五上	中国民歌欣赏	通过中国民歌欣赏，了解中国博大精深的民歌文化，了解民歌的体裁形式、风格特点及表现手段等，提高学生的音乐鉴赏能力，培养学生热爱民族文化的情感	课前探究，网络搜集有关民歌的音频、视频资料	1. 课前探究、搜集中国民歌歌的相关资料 2. 小组交流 3. 中国民歌欣赏
五下	学唱中国民歌	通过学唱中国民歌，了解民歌的演唱特点，初步学会几种民歌的特色唱腔，学唱5—8首具有代表性的中国民歌，培养学生热爱民族文化的情感	课前探究，网络搜集有关民歌的音频、视频资料	1. 课前探究，搜集中国民歌的相关资料 2. 小组交流 3. 学唱中国民歌

画画我的小伙伴

实施年级	微型课程	学习目标	课程资源	活动设计
一上	/	/	/	/
一下	/	/	/	/
二上	/	/	/	/
二下	/	/	/	/
三上	认识色彩	学画色轮，认识色彩，学习色彩知识	示范画	1. 认识色彩 2. 学画色轮图 3. 评价伙伴的作品
三下	美丽的动物	画画以动物为主题的水粉画	美术课件	1. 观察喜欢的动物 2. 欣赏动物画 3. 尝试画动物
四上	多彩的花卉	画画以花卉为主题的水粉画	美术课件	1. 观察花卉 2. 欣赏花卉作品 3. 尝试画喜欢的花卉
四下	可爱的伙伴	画画我的小伙伴（人物画）	美术课件	1. 介绍自己的小伙伴 2. 观察人物 3. 尝试画自己的小伙伴
五上	大师的静物	学习临摹大师的静物画	美术课件	1. 欣赏大师的静物画 2. 尝试临摹大师的作品
五下	家乡的风景	运用水粉画画家乡的风景	美术课件	1. 介绍自己的家乡美景 2. 尝试画画自己家乡的风景

走进传统体育游戏

实施年级	微型课程	学习目标	课程资源	活动设计
一上	传统体育游戏知多少	了解我国传统体育游戏，激发参与传统体育游戏的兴趣	教学课件（相关网络资源）	1. 玩老鹰抓小鸡、跳房子等游戏 2. 引出主题"传统体育游戏" 3. 介绍传统体育游戏 4. 布置课后小作业
一下	"我们家的"传统体育游戏	了解长辈们会玩哪些传统体育游戏，在与家人共同游戏的过程中增进彼此的情感	教学课件（相关网络资源）	1. 介绍"我们家的"传统体育游戏 2. 选择两项自己感兴趣的游戏参与 3. 谈谈游戏后的感受
二上	传统体育游戏——童谣类	了解童谣类传统体育游戏有哪些，感受中华传统体育游戏的魅力	教学课件（相关网络资源）	1. 介绍童谣类传统体育游戏 2. 选择自己感兴趣的游戏小组结伴游戏 3. 交流展示
二下	传统体育游戏——协调类	了解协调类传统体育游戏有哪些，感受传统体育游戏的乐趣	教学课件（相关网络资源）	1. 介绍协调类传统体育游戏 2. 学生分组游戏 3. 各小组进行比赛
三上	传统体育游戏——棋类	通过与父母交流，传统了解棋类游戏的种类并学会一种下棋方法	教学课件（相关网络资源）	1. 说说我会下什么棋 2. 了解几位棋类大师 3. 棋类小能手PK 4. 课后作业：学习下围棋
三下	传统体育游戏——跳跃类	通过学习跳跃类传统体育游戏，增强下肢力量并感受传统体育游戏的乐趣	教学课件（相关网络资源）	1. 观看视频了解跳跃类游戏 2. 学生分组结伴游戏 3. 各小组进行比赛
四上	传统体育游戏——力量类	通过网络资料查找，了解我国力量类传统体育游戏并能将其中一种游戏介绍给同学	教学课件（相关网络资源）	1. 介绍收集到的力量类传统游戏 2. 师生共同演示 3. 学生结伴游戏
四下	传统体育游戏——投掷类	了解投掷类传统体育游戏游戏，感受中华文明的博大精深	教学课件（相关网络资源）	1. 观看视频了解相关体育游戏 2. 学生分组结伴游戏 3. 各小组进行PK

实施年级	微型课程	学习目标	课程资源	活动设计
五上	传统体育游戏——平衡类	了解一些平衡类传统体育游戏,并通过练习逐步发展自身的平衡能力	教学课件(相关网络资源)	1. 了解一些平衡性传统游戏 2. 学生分组选择喜欢的游戏结伴练习 3. 挑战老师
五下	传统体育游戏——体能类	通过体能类传统体育游戏的锻炼逐步提高自身素质并在与同学的相互配合下增进彼此的情感	教学课件(相关网络资源)	1. 观看视频了解相关体育游戏 2. 学习两张体能类游戏的方法 3. 分组结伴游戏

2. 行为规范课程的实施

生活中的礼仪

实施年级	微型课程	学习目标	课程资源	活动设计
一上	形象礼仪	让学生掌握形象礼仪的基本要求,培养学生注重个人形象的好习惯	1.《小学生行为规范读本》 2. 行规礼仪讲座视频 3. 行为规范教育课件、案例	1. 学唱礼仪儿歌 2. 寻找生活中的形象礼仪
一下	课堂礼仪	让学生掌握课堂礼仪的基本要求,养成良好的课堂习惯	1.《小学生行为规范读本》 2. 行规礼仪讲座视频 3. 行为规范教育课件、案例	1. 学唱礼仪儿歌 2. 课堂礼仪我来谈(我有哪些课堂好习惯)
二上	课堂礼仪	让学生掌握课堂礼仪的基本要求,养成良好的课堂习惯	1.《小学生行为规范读本》 2. 行规礼仪讲座视频 3. 行为规范教育课件、案例	1. 动手制作礼仪小报 2. 找茬(找出课堂中的不文明行为)
二下	活动礼仪	让学生掌握活动礼仪的基本要求,规范学生参与各种活动时的行为。	1.《小学生行为规范读本》 2. 行规礼仪讲座视频 3. 行为规范教育课件、案例	1. 动手制作礼仪小报 2. 找茬(找出各种活动中的不文明行为)

嵌入式课程：特色课程的路径和方略

实施年级	微型课程	学习目标	课程资源	活动设计
三上	活动礼仪	让学生掌握活动礼仪的基本要求,规范学生参与各种活动时的行为	1.《小学生行为规范读本》 2. 行规礼仪讲座视频 3. 行为规范教育课件、案例	1. 学习活动礼仪的讲座 2. 活动礼仪我来谈(校园中哪些活动能用到活动礼仪) 3. 我知道生活中还有哪些活动礼仪
三下	课堂礼仪	让学生掌握课堂礼仪的基本要求,养成良好的课堂习惯	1.《小学生行为规范读本》 2. 行规礼仪讲座视频 3. 行为规范教育课件、案例	1. 学习课堂礼仪的讲座 2. 课堂礼仪我来谈(课堂礼仪的重要性)
四上	集会礼仪	让学生掌握集会礼仪的基本要求,规范学生在参加集会时的行为	1.《小学生行为规范读本》 2. 行规礼仪讲座视频 3. 行为规范教育课件、案例	1. 观看集会礼仪的视频 2. 集会礼仪我来谈(生活中哪些地方能用到集会礼仪) 3. 改编礼仪童谣
四下	课堂礼仪	让学生掌握课堂礼仪的基本要求,养成良好的课堂习惯	1.《小学生行为规范读本》 2. 行规礼仪讲座视频 3. 行为规范教育课件、案例	1. 学习课堂礼仪的讲座 2. 课堂礼仪我来谈(课堂礼仪的重要性) 3. 改编礼仪童谣
五上	交往礼仪	让学生掌握交往礼仪的基本要求,鼓励学生之间互动与交流	1.《小学生行为规范读本》 2. 行规礼仪讲座视频 3. 行为规范教育课件、案例	1. 观看交往礼仪的视频 2. 交往礼仪我来谈(生活中哪些地方能用到交往礼仪) 3. 自编小品来展示自己的学习成果
五下	集会礼仪	让学生掌握集会礼仪的基本要求,规范学生在参加集会时的行为	1.《小学生行为规范读本》 2. 行规礼仪讲座视频 3. 行为规范教育课件、案例	1. 观看集会礼仪的视频 2. 集会礼仪我来谈(生活中哪些地方能用到集会礼仪) 3. 自编小品来展示自己的学习成果

社会主义核心价值观

实施年级	微型课程	学习目标	课程资源	活动设计
一	学写社会主义核心价值观24字	让学生知道社会主义核心价值观24个字,并且会写社会主义核心价值观24个字	1. 社会主义核心价值观学习资料 2. 社会主义核心价值观儿歌 3. 各种践行社会主义核心价值观案例	1. 看图认字 2. 熟读社会主义核心价值观24字 3. 临摹社会主义核心价值观24字
二	学唱社会主义核心价值观儿歌	让学生学会2首社会主义核心价值观儿歌	1. 社会主义核心价值观学习资料 2. 社会主义核心价值观儿歌 3. 各种践行社会主义核心价值观案例	1. 欣赏社会主义核心价值观儿歌 2. 学习了解儿歌的含义 3. 挑选2首儿歌进行学唱 4. 学生表演学会的儿歌
三	制作社会主义核心价值观小报	通过学习社会主义核心价值观,让学生能制作一张学习小报,把自己对于社会主义核心价值观的理解通过小报展示	1. 社会主义核心价值观学习资料 2. 社会主义核心价值观儿歌 3. 各种践行社会主义核心价值观案例	1. 收集关于社会主义核心价值观的素材 2. 动作制作社会主义核心价值观小报 3. 成果展示
四	创设社会主义核心价值观小品	通过学习社会主义核心价值观,让学生能以小组为单位创设关于社会主义核心价值观的小品	1. 社会主义核心价值观学习资料 2. 社会主义核心价值观儿歌 3. 各种践行社会主义核心价值观案例	1. 以小组为单位,查阅资料,学习社会主义核心价值观 2. 根据社会主义核心价值观24个字中的内容自编小品 3. 成果展示
五	设计社会主义核心价值观活动方案	通过学习社会主义核心价值观,让学生自己编写一份社会主义核心价值观的活动方案	1. 社会主义核心价值观学习资料 2. 社会主义核心价值观儿歌 3. 各种践行社会主义核心价值观案例	1. 在中队辅导员的带领下学习社会主义核心价值观由来、含义等 2. 自由撰写活动方案 3. 成果展示

3. 兴趣爱好课程的实施

1）丰富多彩的社团活动

（1）活动组织形式

社团的开发是根据"琴棋书画、运动表演、科技制作、学科探究、休闲欣赏"五个板块设置科目内容。通过课程选择型学习，拓展基础知识，提高基本技能，丰富学生知识构成，激发学生学习兴趣，促进学生学习方式的转变，使学生能运用已有的知识与技能解决一些简单的实际问题，萌发某方面的兴趣爱好，促进个性、爱好、特长的培养，培养学生的多种能力。

在具体实施中，我们把固定班级与走班有机结合，课内和课外有机结合，课程建设与社团活动有机结合，针对不同课程与不同学生，进行分层推进，分层培养。我们把学校特色课程作为学生全员参与的课程，要求学生集体修习，并排入课表；再根据学校的实际情况和学生的发展需要，自主开发一些课程，提供学生自主选择，放在快乐活动日进行。

社团采用学生问卷和教师问卷的形式，了解学生的需求和教师的可利用资源，集思广益开设和调整科目内容。利用班队课和校园网进行课程宣传，班主任教师对学生进行选择指导，然后让学生自主选择报名。课程内容每年选择一次。

（2）学习活动方式：

① 纳入课表，保证实施。每周安排1—2课时用于学校自主开发的课程，以确保学生每人每周至少1节，满足学生发展需要。

② 教师申报，学校安排。学校成立校本课程审议委员会，需要申请开设校本课程的教师上交一份《科目设计》，经初审通过后，列入校本课程目录，提供给学生选择，如果选修这门课程人数少于15人，则此门课程予以取消。

③ 自主选择，教师指导。课程的选择依据学生的兴趣爱好、个性特长和学习潜能由学生自主选择，教师适当指导，但规定每生每轮必须至少参加一门的选修。

④ 形式多样，组织教学。在课程的教学中，教师根据教学内容灵

活选用教学方法。

2）有趣的篆刻活动

实施年级	微型课程	学习目标	课程资源	活动设计
一上 一下	赏	赏：即欣赏。欣赏两千多年来，中华民族的篆刻艺术，领略印章艺术的博大精深，学画线条，学描篆文，初步认识篆刻艺术。	篆刻教材《赏》	采取"4＋1"的编排模式来呈现教学内容及需要学生掌握的知识点。"4"就是四个板块的基础知识，分别是"认一认或看一看"、"识一识"、"描一描"和"比一比"。"1"就是一个拓展的版块。
二上 二下	识	识：即认识。认识几十个简单的小篆字及一些常用的偏旁、部首，欣赏十个左右篆刻名家的印章及其艺术成就。照样子，用铅笔学写简单的小篆。进一步加深对印章艺术的认识与理解。	篆刻教材《识》	
三上 三下	书	书：书写篆书。从简单的偏旁、部首入手，练习篆书，继而临写篆文名帖，为刻印做好准备。	篆刻教材《书》	
四上 四下	临	临：临刻。从汉印入手，由简至繁，由官印至明清名家印，欣赏和临刻二十方左右的印章，学会基本的刀法，通过练习，熟练掌握，为创作做好准备。	篆刻教材《临》	
五上	创	创：创作。在四年级临刻的基础上，从简单的一字印入手直至多字印，进行布局和章法的学习，基本学会篆刻的章法布局。	篆刻教材《创》	

4. 实践体验课程

社会实践体验活动

实施年级	微型课程	学习目标	课程资源	活动设计
一上	学校校史馆	了解家乡从了解学校开始，让学生了解学校的历史，培养对学校的热爱	学校校史馆	参观学校校史馆 主题队会讨论参观感受
一下	古树公园	组织学生参观古树公园，让学生感受千年古树的历史	古树公园	参观古树公园 主题队会讨论参观感受
二上	安亭新镇	组织学生参观安亭新镇，让学生体会家乡的现代化	安亭新镇	参观安亭新镇 主题队会讨论参观感受
二下	二黄墓	组织学生参观二黄墓，培养学生的民族精神	二黄墓	参观二黄墓 二年级入队仪式

实施年级	微型课程	学习目标	课程资源	活动设计
三上	安亭老街	组织学生参观安亭老街,让学生体会家乡老街的历史	安亭老街	参观安亭老街 写一写参观的感想
三下	安亭博览公园	组织学生参观安亭博览公园,让学生体会家乡的大自然之美	安亭博览公园	参观安亭博览公园 开展摄影比赛
四上	嘉定博物馆	组织参观嘉定博物馆,了解家乡的历史、文化、人文,培养对家乡的热爱	嘉定博物馆	参观嘉定博物馆 制作参观小报
四下	松鹤园	组织学生参观松鹤园,接受革命传统教育,培养学生的爱国主义和民族精神	松鹤园	参观松鹤园 革命诗词会
五上	外冈游击队纪念馆	组织学生参观外冈游击队纪念馆,接受革命传统教育,培养学生的爱国主义和民族精神	外冈游击队纪念馆	参观外冈游击队纪念馆 主题队会
五下	嘉定新城	组织学生参观嘉定新城,让学生体会家乡日新月异的变化,感受家乡现代化的步伐	嘉定新城	参观嘉定新城 开展摄影展

车城文化寻访

实施年级	微型课程	学习目标	课程资源	活动设计
一上	学校F1赛车图片展	参观赛车图片展,初步了解赛车文化	学校F1赛车图片展	参观学校F1赛车图片展 主题队会讨论参观感受
一下	学校车模赛道	组织学生参观学校科技组车模赛道,观摩车模训练,感受赛车的速度	学校科技组车模赛道及训练	参观学校科技组车模赛道,观摩车模训练 主题队会讨论参观感受
二上	安亭汽车博览园	组织学生参观安亭汽车博览园,让学生体会汽车文化	安亭汽车博览园	参观安亭汽车博览园 主题队会讨论参观感受
二下	安亭国际车展	组织学生参观安亭汽车展览会,近距离接触各国汽车,感受汽车的魅力	安亭车展	参观安亭国际车展 汽车摄影比赛
三上	大众发动机厂	组织学生参观大众汽车发动机厂,近距离感受汽车"心脏"的诞生	大众汽车发动机厂	参观大众汽车发动机厂 写一写参观的感想

实施年级	微型课程	学习目标	课程资源	活动设计
三下	F1 赛事直播(电视)	组织学生集体观摩 F1 方程式国际车赛电视直播,感受赛车比赛的紧张、刺激,感受赛车文化	学校圆形剧场	集体观摩 F1 赛事直播 开展主题队会讨论
四上	大众汽车厂(总装车间)	组织学生参观大众汽车厂总装车间,零距离感受每一辆汽车的诞生	大众汽车厂总装车间	参观大众汽车厂总装车间 写一写参观的感想
四下	F1 赛事直播(电视)	组织学生集体观摩 F1 方程式国际车赛电视直播,感受赛车比赛的紧张、刺激,感受赛车文化	学校圆形剧场	集体观摩 F1 赛事直播 开展主题队会讨论
五上	参观 F1 赛车场	组织学生参观上海国际赛车场,感受赛车场的现代化,感受家乡的变化	F1 国际赛车场	参观 F1 赛车场 主题队会
五下	现场观摩 F1 赛事	组织学生现场观摩 F1 方程式国际车赛,亲身感受赛车引擎的轰鸣,赛车比赛的紧张、刺激,感受赛车文化	F1 国际赛车场	现场观摩 F1 赛事 开展主题队会讨论 举行摄影比赛

唱童谣,育雅情

实施年级	微型课程	学习目标	课程资源	活动设计
一上	爱祖国、爱学校、爱学习	以"爱祖国、爱学校、爱学习"为主要内容,创作、搜集相关童谣,精选 5 首作为学习、传唱的童谣,要求能背诵,鼓励表演。	《嘉定经典童谣》,鼓励学生、家长、老师创作	创作以"爱祖国、爱学校、爱学习"为主题的童谣 利用课余时间、班队课进行传唱
一下	讲文明,懂礼仪,爱清洁	以"讲文明,懂礼仪,爱清洁"为主要内容,创作、搜集相关童谣,精选 5 首作为学习、传唱的童谣,要求能背诵,鼓励表演。	《嘉定经典童谣》,鼓励学生、家长、老师创作	创作以"讲文明,懂礼仪,爱清洁"为主题的童谣 利用课余时间、班队课进行传唱
二上	爱祖国、爱自然、爱集体	以"爱祖国、爱自然、爱集体"为主要内容,创作、搜集相关童谣,精选 5 首作为学习、传唱的童谣,要求能背诵,鼓励体验和表演。	《嘉定经典童谣》,鼓励学生、家长、老师创作	创作以"爱祖国、爱自然、爱集体"为主题的童谣 利用课余时间、班队课进行体验、传唱

实施年级	微型课程	学习目标	课程资源	活动设计
二下	守规矩、讲诚信、尊师长	以"守规矩、讲诚信、尊师长"为主要内容，创作、搜集相关童谣，精选5首作为学习、传唱的童谣，要求能背诵，鼓励体验和表演。	《嘉定经典童谣》，鼓励学生、家长、老师创作	创作以"守规矩、讲诚信、尊师长"为主题的童谣 利用课余时间、班队课进行体验、传唱
三上	爱祖国、讲奉献、乐助人	以"爱祖国、讲奉献、乐助人"为主要内容，创作、搜集相关童谣，精选5首作为学习、传唱的童谣，要求能背诵，鼓励体验和表演。	《嘉定经典童谣》，鼓励学生、家长、老师创作	创作以"爱祖国、讲奉献、乐助人"为主题的童谣 利用课余时间、班队课进行体验、传唱
三下	严守纪、善学习、乐参与	以"严守纪、善学习、乐参与"为主要内容，创作、搜集相关童谣，精选5首作为学习、传唱的童谣，要求能背诵，鼓励体验和表演。	《嘉定经典童谣》，鼓励学生、家长、老师创作	创作以"严守纪、善学习、乐参与"为主题的童谣 利用课余时间、班队课进行体验、传唱
四上	爱祖国、孝长辈、懂事理	以"爱祖国、孝长辈、懂事理"为主要内容，创作、搜集相关童谣，精选5首作为学习、传唱的童谣，要求能背诵，鼓励体验和表演。	《嘉定经典童谣》，鼓励学生、家长、老师创作	创作以"爱祖国、孝长辈、懂事理"为主题的童谣 利用课余时间、班队课进行体验、传唱
四下	善合作、能互助、同进步	以"善合作、能互助、同进步"为主要内容，创作、搜集相关童谣，精选5首作为学习、传唱的童谣，要求能背诵，鼓励体验和表演。	《嘉定经典童谣》，鼓励学生、家长、老师创作	创作以"善合作、能互助、同进步"为主题的童谣 利用课余时间、班队课进行体验、传唱
五上	爱祖国、守公德、做榜样	以"爱祖国、守公德、做榜样"为主要内容，创作、搜集相关童谣，精选5首作为学习、传唱的童谣，要求能背诵，鼓励体验和表演。	《嘉定经典童谣》，鼓励学生、家长、老师创作	创作以"爱祖国、守公德、做榜样"为主题的童谣 利用课余时间、班队课进行体验、传唱
五下	有理想、会创新、能进取	以"有理想、会创新、能进取"为主要内容，创作、搜集相关童谣，精选5首作为学习、传唱的童谣，要求能背诵，鼓励体验和表演。	《嘉定经典童谣》，鼓励学生、家长、老师创作	创作以"有理想、会创新、能进取"为主题的童谣 利用课余时间、班队课进行体验、传唱

二、课程评价

"处方式课程"的机制是在"雅教育"的思想指引下,用"雅的教学手段"打造动态课堂,用"雅的学习方法"促进学生会学、善学、好学,用"雅的评价法"优化课程内容,最终实现"以书雅言,以礼雅行,以艺雅兴,以诗雅情"的课程理念。

"雅教育评价法"的特点是:可测量性、可利用性、可持续发展性。评价分为"课程、教师、学生"这三个维度:课程评价着眼于"课程即生活"、"课程即体验"这两大指标;教师评价着眼于"课堂教学方法"和"课程教学能力";学生评价着重对学习的过程性评价——知识和能力两方面。

学校课程的管理反映在对学生过程性评价与发展性评价的科学与规范,丰富评价的方式方法才能有效地保障学生的个性发展。校本课程既要注重终结性评价,更要关注过程性评价,真正发挥评价引领的积极作用,保护、发展学生的个性特长,促进学生全面发展。

1. 课程目标与课程规划的评价

课程目标与课程计划的评价主要用于课程的立项,只有通过该项评价的课程才能获得正式的立项,只有通过立项评审的学校课程才能列入学校课程计划。

指标	评价标准及其得分			
	4分	3分	2分	1分
1 课程设计的先进性,开设本课程的意义	课程目标明晰,反映当代科技与社会发展趋势,对学生综合素质提高具有显著作用。	课程目标清晰,基本体现当代科技与社会发展趋势,对学生某一方面素质提高具有促进作用。	课程目标基本清晰,课程内容合理,对学生发展能有一定促进。	课程目标不明确;或课程内容陈旧落后;或看不出对学生发展的意义。

指标		评价标准及其得分			
		4分	3分	2分	1分
2	课程设计与学校课程改革思想、整体课程改革要求的相容性	课程设计充分体现了雅教育课程改革的思想，完全符合学校整体课程计划的要求。	课程设计体现了雅教育课程改革思想，与学校整体课程计划基本符合，但还存在些微偏差。	课程设计思想与学校课程改革思想有一定差异，与学校课程总体安排有些冲突。	课程设计与学校课程思想冲突；或者与学校整体课程计划相矛盾。
3	课程设计与学校课程平台设置的一致性，课程的完整性	是学校课程模块的重要组成部分，与其他学校课程没有交叉，有独立的知识体系和培养目标。	符合学校课程模块的要求，知识体系的建构上还有所欠缺，或者存在与其他课程协调的问题。	符合学校课程模块的要求，但内容结构不完整，与其他学校课程有明显交叉或冲突。	不符合学校课程模块要求，或者可能会对其他学校课程目标达成有负面影响。
4	课程计划的科学性、适用性	课程内容选择科学合理、结构清晰，呈现形式与学生发展水平相适应。	课程内容选择基本科学合理、结构清晰，课程呈现形式基本与学生发展水平和特点相适应。	课程内容结构不尽合理，课程内容的呈现不太适合学生的发展水平与特点。	课程内容结构缺乏逻辑性或完整性，与学生现阶段发展水平脱节。
5	是否具有开设课程的条件和基础	教师的知识基础、学生知识准备、学校现有的条件均完全支持课程的开设。	教师的知识基础、学生知识准备、学校现有的条件中尚有部分欠缺，但有可行的解决方案。	课程开设基础与条件中有目前难以解决的问题，但可以预期经过努力能够解决。	课程设计中存在近期无法克服的困难或无法解决的问题。

注：评分可以选用两个等级之间，采用小数点后1位。

[评分解释]得分超过15分的通过立项（含15分）；得分高于12分、低于15分（含12分、不含15分）的可以继续修改；不够12分的直接否决。

2. 对学生学习的评价

评价的主要目的是为了全面了解学生的学习历程，激励学生的学习和改进教师的教学，应建立评价目标多元、评价方法多样的评价体系。对学生学习的评价既要关注学生学习的结果，更要关注他们学习的过程。

学生课堂学习多维评价表

班级：_____　　学号：_____　　姓名：_____

项目	A级	B级	C级	个人评价	同学评价	教师评价
认真	上课认真听讲，作业认真，参与讨论态度认真。	上课能认真听讲，作业依时完成，有参与讨论。	上课无心听讲，经常欠交作业，极少参与讨论。			
积极	积极举手发言，积极参与讨论与交流，大量阅读课外读物。	能举手发言，有参与讨论与交流，有阅读课外读物。	很少举手，极少参与讨论与交流，没有阅读课外读物。			
自信	大胆提出和别人不同的问题，大胆尝试并表达自己的想法。	有提出自己的不同看法，并作出尝试。	不敢提出和别人不同的问题，不敢尝试和表达自己的想法。			
善于与人合作	善于与人合作，虚心听取别人的意见。	能与人合作，能接受别人的意见。	缺乏与人合作的精神，难以听进别人的意见。			
思维的条理性	能有条理表达自己的意见，解决问题的过程清楚，做事有计划。	能表达自己的意见，有解决问题的能力，但条理性差些。	不能准确表达自己的意思，做事缺乏计划性、条理性，不能独立解决问题。			
思维的创造性	具有创造性思维，能用不同的方法解决问题，独立思考。	能用老师提供的方法解决问题，有一定的思考能力和创造性。	思考能力差，缺乏创造性，不能独立解决问题。			

我这样评价自己：

同伴眼里的我：

老师的话：

注：1.本评价表针对学生课堂表现情况作评价；

　2.本评价分为定性评价部分和定量评价部分；

　3.定量评价部分总分为100分，最后取值为教师评、同学评和自评分数按比例取均值；

　4.定性评价部分分为"我这样评价自己"、"同伴眼里的我"和"老师的话"，都是针对被评者作概括性描述和建议，以帮助被评学生的改进与提高。

3. 对教师课程实施的评价

教学是由教师的教和学生的学两方面及其相互关系构成的,其中教师的教对学生的学有教育、导向、激励、示范等作用。而教师的教又受到其评价体系的制约和影响。评价体系是教师教的方向标和测量仪,因此,如何评价教师的教,不仅关系到教师的教学行为,也直接关系到学生的学习状况及结果。建立科学的评价指标体系,有效地指导和评价教师的教,从而提升教师的课程实施素养,改进课程品质。

教师"教"的评价指标体系表

指标	评价标准及其得分			
	A (90—100分)	**B** (80—89分)	**C** (70—79分)	**D** (60—69分)
教学准备	1. 教师系统、全面掌握本领域的知识。 2. 有完整的教学计划与教学安排。 3. 有丰富的相关教学资料。	1. 教师全面掌握本领域的知识。 2. 教学计划与教学组织安排已经确定。 3. 尚需要完善相关教学材料。	1. 教师基本掌握本领域知识。 2. 教学计划与教学组织只有初步考虑。 3. 相关教学材料的准备不是很充分。	1. 教师部分掌握本领域的知识。 2. 没有明确的教学计划与教学组织安排。 3. 没有相应教学资料。
教学设计	1. 正确掌握课程的基本理念和教学模式,坚持全面发展与个性发展相结合,体现知识与技能、过程与方法、情感态度价值观三维目标。 2. 教学设计严谨独特,结构合理,层次分明。	1. 正确掌握课程的基本理念和教学模式,体现知识与技能、过程与方法、情感态度价值观三维目标。 2. 教学设计严谨,结构合理,层次分明。	1. 基本能正确掌握课程的基本理念和教学模式,体现知识与技能、过程与方法、情感态度价值观三维目标。 2. 教学设计结构合理,层次较为分明。	1. 不能正确掌握课程的基本理念和教学模式,不能很好地体现知识与技能、过程与方法、情感态度价值观三维目标。 2. 教学设计层次不是很分明。
活动内容的组织	1. 教学活动内容选择适宜,符合学生实际需求。 2. 与教学目标一致。 3. 内容生动有趣,贴近学生的生活,适合学生身	1. 教学活动内容选择适宜,基本符合学生实际需求。 2. 与教学目标基本一致。 3. 内容比较生动有趣,贴近学生	1. 教学活动内容选择不是很合适学生。 2. 与教学目标不是很一致。 3. 内容趣味性不足,和学生的生活实际不是很	1. 教学活动内容选择不合理,不能满足学生实际需求。 2. 与教学目标不一致。 3. 内容缺乏趣味,不贴近学

指标	评价标准及其得分			
	A (90—100分)	B (80—89分)	C (70—79分)	D (60—69分)
	心水平,能为学生所理解和把握,有利于学习目标的达成。	的生活,基本适合学生身心水平,能为学生所理解和把握,有利于学习目标的达成。	贴近,不太适合学生身心水平,学生能理解的内容较少。	生的生活,不利于学生理解。
教学方法、手段的选择	1. 教师采用与课程相适应的教学方法,各种教学技巧运用娴熟。 2. 借助各种教学手段提高教学效果。 3. 充分调动学生参与教学。能根据学生的情学习况及时调整教学。	1. 教学方法基本适当,教学技巧运用比较娴熟。 2. 能有意识运用教学手段,提高教学效果。 3. 基本能调动学生兴趣,学生有一定程度的教学参与。能根据学生的学习情况比较及时地调整教学。	1. 教学方法呆板,针对性不强,较少运用教学技巧。 2. 教学手段单一。 3. 学生兴趣不高,较少参与。不能根据学生的学习情况及时调整教学。	1. 教学方法陈旧落后。 2. 教学手段单一。 3. 学生没有参与,经常是教师自顾自地教学,学生明显不满。
教学组织	1. 教学程序和结构清晰合理,新颖有效。 2. 教学组织主次分明、灵活有序,各环节连接自然流畅。 3. 沉着应对教学过程中出现的各种意外情况并妥善处理,体现教师的主导作用。	1. 教学程序和结构较清晰合理,新颖有效。 2. 教学组织主次分明、灵活有序,各环节连接自然流畅。 3. 基本能沉着应对教学过程中出现的各种意外情况并妥善处理,体现教师的主导作用。	1. 教学程序和结构不是很清晰合理。 2. 教学组织主次较分明、较有序,各环节连接不是很流畅。 3. 应对教学过程中出现的各种意外情况的能力较差,没有很好地体现教师的主导作用。	1. 教学程序和结构不清晰,不合理。 2. 教学各环节主次不分明,程序混乱,连接不流畅。 3. 不能沉着应对教学过程中出现的各种意外情况并妥善处理,没有体现教师的主导作用。
课堂气氛	1. 课堂气氛活跃、师生互动积极,探究气氛浓厚。 2. 学生表现出很高的学习兴趣,学习态度认真。	1. 课堂气氛比较活跃,师生有一定互动,能够共同对一些问题进行探究。 2. 学生基本能参与其中,学习态度良好。	1. 课堂教学气氛有些沉闷,师生互动较少,学生基本没有积极地探究问题。 2. 学生参与度不高,学习态度一般。	1. 课堂沉闷,没有师生互动、没有探究。 2. 学生参与度低,学习态度不端正。

嵌入式课程：特色课程的路径和方略

指标	评价标准及其得分			
	A (90—100 分)	B (80—89 分)	C (70—79 分)	D (60—69 分)
教学效果	1. 三维目标达成度高。 2. 多数学生愿意向其他同学推荐该课程。	1. 三维目标达成度较高。 2. 学生评价意见有分歧,部分学生愿意向同学推荐课程。	1. 三维目标基本达成。 2. 极少有学生给出高的评价,极少有学生愿意向同学推荐该课程。	1. 三维目标没有达成。 2. 没有学生愿意主动向要好同学推荐该课程。

有氧课程：

让每一个孩子都能自由呼吸

上海市嘉定区绿地小学位于嘉定的东南，隶属嘉定区真新街道，东接普陀区，南接长宁区，地处典型的城乡结合地区。1997 年 9 月建校，1999 年 3 月独立建制，走过了 14 年的办学历程。

学校占地面积 9644 平方米，建筑面积 5092 平方米，绿化面积 2385 平方米。学校配有现代化的教学设施：塑胶操场与跑道、多功能厅、电脑房、阅览室、音乐室、舞蹈房、美术室、劳技室等一应俱全，教室内多媒体设施安装到位，校园安全防卫措施配备到位，为实施素质教育创造了良好的硬条件。

学校现有 21 个教学班、794 名学生；在编教职工 61 名，教师编制 52 名，其中，中学高级教师 4 名，小学高级教师 31 名，具有中、高级职称的教师数占教师总数的 67.31%；教师中硕士 5 人，本科学历 38 人，大专学历 9 人。

第一部分 学校课程哲学

一、学校教育哲学：自由教育

自由教育是一个不断发展的概念，内涵也由原来的狭窄变得不断

丰富,自由教育的精神主要有以下三点:

1. 自由教育具有人道主义精神,以人为本,反对外在强制,主张给学生更多自由

所谓自由教育的人道主义精神是指:自由教育是以人为本、以人为目的的教育,而不是以人为物、以人为工具的教育,因此,具有浓郁的人文气息和深沉的人文关怀。文艺复兴以来,自由教育一个主要的目的就是反对外在的强制,主张给学生以更多的自由。由于自由是人类的本性,因此,任何对自由的不合理限制都是违反人性的,从伦理学上说都是不人道的,反过来说,任何旨在克服外在强迫,使学生享受"消极自由"的教育,都是符合人性的,都是人道的。自由教育作为一种充分尊重学生自由和尽可能减少外在控制或强迫的教育,自然是富有人道主义精神的,是人类人道主义事业的一部分。此外,自由教育的人道主义精神还体现在自由教育是以尊重学生的个别差异为前提的,反对标准化、均质化,因而有利于鼓励和帮助学生成为他们自己,而不是按照某种纯粹外在的标准来塑造自己。由于个性或个体独特性是人之为人的一个重要前提,因此,提倡、宽容和发展人的个性的自由教育,自然是具有人道主义特质的。可以说,在自由教育中,学生才像个人,才能有人的体验,也才能真正地表现为一个人。比起自由教育来说,限制学生自由的教育是不人道的,是会扼杀人本该具有的生机和活力的。

2. 自由教育具有民主主义精神,学生可以自由、平等地表达观点

所谓自由教育的民主主义精神是指:第一,自由教育本身具有民主精神。自由教育民主精神体现在:所有的学生都可以自由地表达自己的意见或看法;所有的学生在自由地表达自己的意见或看法方面都是平等的;不同学生的不同意见或看法都是允许和鼓励的,任何人不会因为自己见解的不完全性而受到外在权威的斥责;任何人都不能凭借理性或智慧以外的力量来增加自己见解的分量,任何人的见解也都必须接受别人的质疑。所有这些,本身就体现了民主的精神,是民主精神在自由教育中的具体体现。第二,自由教育是反对专制教育的最好武器。无论是教育的目的,还是教育的过程与方法,自由教育都是与专制教育尖锐对立的。专制教育是专制社会的卫道士,自由教育反对和根除专制教育的影响,从间接的意义上说,也就动摇了专制社会的思想、道德和人格基础,为民主社会的来临和不断重建提供条件。第三,自由教育是培养民主公民和建设民主社会的基础。从个体角度来说,自由教育以培养学生的自由人格为己任。一个有自由人格的人,既不被别人奴役,也不去奴役别人。因此,一个能够表达公意的民主公民必然是具有独立和自由人格的。那些趋炎附势、人云亦云、贪生怕死的人,是不可能成为民主社会的合格公民的。从社会角度来说,与民主社会适应的教育只能是自由教育,而不可能是专制教育,因为正是自由教育培养着民主的公民,专制教育只能培养专制的暴君和忠顺的奴隶。第四,现当代的自由教育是一种大众教育,而不是一种精英教育,是大众人人都需要的教育,而不是少数有权有势的人才需要的。从这个角度来说,自由教育的民主主义精神就体现在:向每一个人提供适合他/她需要的自由教育。

3. 自由教育具有理性主义精神,倡导提高学生心灵的能力,培养人的理性精神

所谓自由教育的理性主义精神是指:

第一,理性的陶冶是自由教育的重要任务。无论是古希腊的亚里士多德,还是18世纪以后的自由教育论者,无一不强调理性陶冶或形式训练在自由教育中所占的核心位置。洛克认为,教育的目的不是增加心灵的所有物,而是提高心灵的能力。福禄培尔认为,自由的教学应该表现人类的理性精神,就其任务而言,重要的不是去教授一些具体和特殊的知识,而是要帮助学生学习从具体到抽象、从特殊到一般的思维态度和能力。裴斯特洛齐在反思了自己的人生历程后深有感触地说:"教育问题从本质上说,不管儿童的社会地位如何都是一样的,不在于传授专门的知识或专门的技能,而在于发展人类的基本能力(人类的基本能力当然是不分穷富的)。"赫钦斯明确提出:"自由教育"就是"一种发展理性的教育"。赫斯特也指出,"追求知识本身是人类独特的德性,自由教育对于人实现心智的发展有价值,这种价值是与功利的或职业的考虑没有联系的。"这种理智或心智陶冶的价值大于具体知识或实用知识掌握的价值的思想,构成了古代与现代自由教育思想的一个核心。

第二,自由教育所说的自由是基于理性基础上的自由,而不是无限制的随心所欲。纵观自由教育的历史,除了个别历史时期和个别人之外,绝大多数历史时期和绝大多数人在谈到作为教育方式方法的自由时,都不是指那种不要任何限制的绝对自由,而是指那种在一定条件下才成立的相对自由。杜威曾将蒙台梭利看成是19世纪末20世纪初自由教育的重要人物,但他同时也指出,蒙台梭利所谓的"自由原则"并非是与任何的纪律、责任、努力不相容的,而是建立在基于儿童的理性精神之上的。杜威本人所提倡的"儿童中心"和"做中学",也并非是放纵儿童的任何兴趣和爱好,而是要他们遵循思维的内在规律,进行自主和自由的探究。从这个角度来说,自由教育在方式方法上所提倡的自由,就其实质而言,是一种理性自主,以反对专制教育对学生心灵和思想的外在强迫与清洗。

第三,自由教育有利于建立理性。理性与自由始终是不可分离的。不仅理性自身是倾向于自由自主的,而且理性的发育也必须依赖于自由思考的环境。如果人们不能够经常自由地应用自己的理性,那么他们理性的发育必然受到阻碍或严重影响。从这个意义上说,自由教育是指向理性发展并有利于理性发展的。因此,自由教育与感性的滥用、欲望的放纵或秩序紊乱没有任何必然的关联,后者也是自由教育本身所要反对和克服的教育与社会问题。

二、课程理念：让每一个孩子都能自由呼吸

自由教育是主张以学生为本,给予学生更多的自由空间,让学生能够自由、平等地表达自己的观点,并且在这个过程中建立学生的理性思维。我校根据自由教育的精神,以及我校"文化——滋养生命绿地"的办学理念,提出我校的课程理念是：让每一个孩子都能自由呼吸,从而展现生命的活力,健康成长。

让每一个学生都能自由呼吸，是促进每一个学生优质发展的教育。我们追求让每一个学生个性发展，健康成长。尊重学生的认知规律和成长规律，采取适切的教育教学方法，创造有利的条件，进行有益的引导和整合，促进学生身体和心理的健康，促进学生勤学善思，成为"雅气质，宽胸怀；勤学习，善思考；会健身，乐生活"的阳光学子。

让每一个学生都能自由呼吸，是创设优良的学习环境的教育。一是，学校努力创设优良的学习环境和学习氛围；二是，促使学生以良好的学习状态参与学习；三是，指导家长尽力提供优良的成长环境。总之，学校整合协调各种优质资源，让教育环境成为他们成长的氧吧，使之拥有源源不断的新鲜氧气。

让每一个学生都能自由呼吸，是提供丰富的课程资源的教育。我们将提供丰富的学习内容供学生选择，推荐灵活自由的学习方式供学生选用，创设多元开放的评价平台供学生体验目的在于，丰富学生的品德形成和人格健全的经历，丰富学生潜能开发和认知发展的经历，丰富学生艺术修养和体育健身的经历，丰富学生社会实践和动手操作的经历，满足学生共性的学习需求和个性发展需求。

三、课程模式：有氧课程

"教育的本质是解放人——包括人的智力及心灵、思维和情感，而不是束缚人，压抑人，限制人。"当前教育背景下，学生学业负担比较重，导致学生精神不振、身心俱疲，大脑反应迟钝，类似于一种缺氧的状态。我校根据让学生自由呼吸的需要，建立了有氧课程：通过提供丰富性、趣味性、活动性和双向选择性的课程来满足学生成长的需求，让学生在自由、健康、有氧的环境中精气十足地享受自由呼吸的畅快。

有氧课程以"氧吧"的形式向学生开放。一共分为"底气氧吧"、"正气氧吧"、"志气氧吧"、"灵气氧吧"和"雅气氧吧"五个"氧吧"。

有氧课程具有丰富性。有氧课程共分为五个氧吧,每个氧吧具有6—11门课程或微课程。既有基础氧吧,如语文、英语、数学等,还有年级组层面的特色氧吧,如《弟子规》唱诵、《十字绣》《珠绣》等,也有学校的精品氧吧,如学校精品课程京剧、手球、头脑奥林匹克、职业体验坊等,可谓精彩纷呈。

有氧课程具有双向选择性。学生需要在众多氧吧中选择自己喜欢的课程。课程也分为必修类、选修类。在众多氧吧中的基础氧吧是需要每个人都呼吸的。选修类中学生可以在特色氧吧中选择喜欢的一到两门,在精品氧吧中选择一到两门。学生的选择并不能最终决定是否选择这门课程。教师也会根据学生自身的条件来为其推荐合适的课程,最终目的是让学生都能选到适合自己发展的课程。

第二部分　课程目标

一、培养目标

我们的培养目标是:培养学生良好的做人习惯、做事习惯、学习习惯和生活习惯,使学生成为有底气、有正气、有志气、有雅气和有灵气的"五气合一"的氧气少年,使得每个学生成为极具生命活力的现代人,适应未来社会的发展。

蕴底气——脚踏实地,有渊博的学识,方能底气十足。

扬正气——正义凛然,有高尚的道德,方能光明正大。

长志气——志存高远,有远大的志向,方能高瞻远瞩。

存灵气——身灵手巧,有灵活的身体,方能追求卓越。

育雅气——情趣高雅,有高雅的审美,方能活灵活现。

二、课程目标

	低年级(1年级)	中年级(2—3年级)	高年级(4—5年级)
蕴底气	掌握低年级段所需要的基础知识,能够养成良好的学习习惯和生活习惯,积极参加体育活动。	掌握中年级段所需要的基础文化知识,学习习惯和生活习惯良好,并初步培养良好的做事习惯,积极参加体育锻炼,并有一门自己喜欢的运动。	掌握高年级段所需要的基础文化知识,学习习惯和生活习惯良好,懂得为人处事的基本准则,树立正确的人生观、价值观。明确人生的价值、意义,处理好个人与集体、社会的关系。举止文明大方,与同伴友好相处。积极参加体育活动,并有一门自己擅长的体育项目。
扬正气	懂礼貌,尊敬老师、孝敬父母、长辈,团结同学;喜欢班集体,愿意为集体服务;热爱校园环境,讲究卫生,爱护公物;遵守学校纪律,听从老师的教导;勤奋学习,自己的事情自己做。	学生能够热爱自己的班级和学校,能够为班级和学校争光,对于损坏班级和学校形象的事情坚决不做。交往得体,学会礼貌待人,使用基本礼貌用语。学会微笑,养成对自己、对班级的责任感。树立较强的自信,形成爱学校、爱社区的情感。	学生具有基本的环保意识,认识人类与自然的相互依存关系。拥有强烈的社会责任感,具有诚实、守信的品格,培养言行一致的风格,养成10条良好的行为习惯。形成较强的自信心,充满活力,充满智慧,充满创造力。具有爱家乡、爱社会、爱国家的情感。
长志气	能够知道职业具有丰富性,了解家庭成员的社会职业,熟悉几种常见职业的名称、工作内容。能够尊重各种职业人。	了解部分社会职业对社会和生活的作用,了解身边人的职业,并由衷敬佩。体验部分社会职业,增长对职业常识的学习了解。	了解热门的职业的信息,对于未来社会的发展充满希望,形成自己初步的职业兴趣和偏好,愿意为之努力和付出,并懂得在过程中与人合作,诚信友善。
存灵气	能够初步掌握基本学具的操作步骤,能用简单的工具制作一些简单的手工作品,积极参加体育锻炼,学会广播操。	能够基本掌握配套学具的操作步骤,学会使用比较复杂的工具,能够制作一些较为复杂的手工作品,积极参加体育锻炼,有自己喜欢的一门体育项目。	能够掌握较复杂的学具的操作步骤,能够使用比较复杂的工具,并且明白原理。能够制作一些较为复杂的手工作品,积极参加体育锻炼,有两门自己擅长的体育项目,并坚持锻炼。
育雅气	初步了解脸谱等国粹,能够描绘简单的京剧脸谱,对于美和丑有初步的评判。	深入了解京剧脸谱等国粹,能够描画出角色丰富的京剧脸谱,初步了解京剧,对于美和丑开始有了自己评判的标准,初步形成高雅的审美观。	熟练掌握脸谱的绘画艺术,能够唱1段自己最喜欢的京剧,对于京剧中的唱念做打基本了解并会模仿,懂得欣赏国粹,能写一手漂亮的毛笔书法,具有高雅的审美观。

第三部分　学校课程体系

一、课程结构

1. 宏观结构图：大树结构

我校的办学理念是"文化——滋养生命绿地"，"一棵大树"象征着生机勃勃的生命力，正如生命绿地一样。大树的生长会释放出氧气，有净化空气，美化环境的功效。"气泡"象征着生命绿树所散发出的各种气息，有灵气泡、正气泡、雅气泡和志气泡。而这四种气泡都源自于有充足的"底气"。

氧气课程的大树结构图

2. 微观结构图

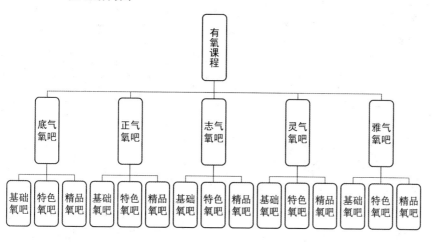

二、课程设置

课程 分类	基础 氧吧	特色氧吧	精品 氧吧	课程目标
底气 氧吧	语文 数学 英语	《七巧板》 《趣味识字》 《课本剧表演》 《电子小报设计》 《写好铅笔字》 《学说绕口令》 《跟我学说上海话》	《绿舟文 学社》、 《弟子 规》唱诵	掌握各年级段所需要的基础文化知识,学习习惯和生活习惯良好,懂得为人处事的基本准则,树立正确的人生观、价值观。明确人生的价值、意义,处理好个人与集体、社会的关系。举止文明大方,与同伴友好相处。积极参加体育活动,并有一门自己擅长的体育项目。
正气 氧吧	品社 自然	《小小交通管理员》 《名人故事荟》 《雷锋学习小组》	《急救包 扎》	学生具有基础的环保意识,认识人类与自然的相互依存关系。拥有强烈的社会责任感,具有诚实、守信的品格,培养言行一致的风格,养成10条良好的行为习惯。形成较强的自信心,充满活力,充满智慧,充满创造力。具有爱家乡、爱社会、爱国家的情感。
志气 氧吧	探究	《我的理想》 《职业秀》 《各行各业知多少》 《我能做》	《OM》	了解热门的职业的信息,对于未来社会的发展充满希望,形成自己初步的职业兴趣和偏好,愿意为之努力和付出,并懂得在过程中与人合作,诚信友善。

课程分类	基础氧吧	特色氧吧	精品氧吧	课程目标
灵气氧吧	体育劳技	《折纸》《变废为宝》《橡皮泥制作》《剪纸》《十字绣》《韵律操》《田径运动》《踢跳活动》	《手球》、《足球》、《京韵操》	能够掌握较复杂的学具的操作步骤，能够使用比较复杂的工具，并且明白原理。能够制作一些较为复杂的手工作品，积极参加体育锻炼，有两门自己擅长的体育项目，并坚持锻炼。
雅气氧吧	音乐美术	《儿童画》《树叶贴画》《珠绣》《儿童花艺》《儿童茶艺》《硬笔书法》《脸谱绘画》《欢乐大合唱》	《"非凡乐鼓"打击乐团》、《京剧唱段集锦》、《京剧表演》	熟练掌握脸谱的绘画艺术，能够唱1段自己最喜欢的京剧，对于京剧中的唱念做打基本了解并会模仿，懂得欣赏国粹，能写一手漂亮的毛笔书法，具有高雅的审美观。

第四部分　学校课程实施

一、基础氧吧课程的实施

在小学阶段，基础型课程的教学时间占总课时的80％，主要采用既定的国家统一教材。为了合理、科学、规范地安排好学生的作息时间，我们深入认真地学习《上海市课程计划方案》，深入贯彻上海市教委关于"三课两操两活动"的精神，认真落实"每天锻炼一小时"这项促进学生身体素质发展的工作。

年级 \ 课程科目		周课时				
		一	二	三	四	五
基础型课程	语文/写字	9	9	6	6	6
	数学	3	4	4	5	5
	英语	2	2	4	5	5

年级＼课程科目	周课时				
	一	二	三	四	五
品德与社会	2	2	2	3	3
自然	2	2	2	2	2
唱游/音乐	2	2	2	2	2
美术	2	2	2	1	1
信息科技			2		
体育与健身	3	3	3	3	3
劳动与技术				1	1
周课时数	25	26	27	28	28

正气氧吧中的基础氧吧以德育专题教育为主，关注学生的身心发展，习惯的培养和能力的提高。学校在课程设置中充分考虑到这一点：利用班级联合班会、班级午会、国旗下讲话、主题班会、社会实践活动等机会和场合对学生进行"两纲"渗透及德育教育。在教学中，创设温馨和谐的环境，充分发挥学科教学的育德功能，重视学生的学习经历和经验，关注学生的体验、感悟和实践的过程，提供学生参与学习、体验成功的机会，让学生学会独立、自主的发现问题。

（附专题教育实施说明）

每天中午 12:45—13:00 午会课安排如下：

	周一	周二	周三	周四	周五
一年级	少先队广播	环境教育/时事教育	廉洁教育	十分钟队会/健康教育	温馨电波
二年级	少先队广播	环境教育/时事教育	廉洁教育/民防教育	十分钟队会/健康教育	温馨电波
三年级	少先队广播	环境教育/时事教育	廉洁教育/民防教育	十分钟队会/健康教育	温馨电波
四年级	少先队广播	环境教育/时事教育	廉洁教育/民防教育/民族团结教育	十分钟队会/健康教育	温馨电波
五年级	少先队广播	环境教育/毒品预防教育/时事教育	廉洁教育/国防教育/法制教育	十分钟队会/健康教育	温馨电波

二、特色氧吧课程的实施

特色氧吧的课程以拓展性课程为主,同时整合学校社团活动对学生进行高雅气质和身灵手巧的教育。学校拓展型课程主要是为了发展学生兴趣爱好,开发学生的潜能,彰显学校特色,是具有开放性的课程。特色氧吧课程以自主选修课为主,在年级组层面开展,体现各年级的特色和训练侧重点。

科目名称	落实年级	内容来源	修习方式	负责老师
《想象画》	一年级	自主开发《想象画》	一(2)班 (兴趣课内渗透)	王晓珉
《七巧板》	一年级	自主开发《七巧板》	一(4)班 (兴趣课内渗透)	陆琦
《趣味识字》	一年级	自主开发《趣味识字》	一(1)班 (兴趣课内渗透)	王红燕
《跟我学说上海话》	一年级	自主开发《跟我学说上海话》	一(3)班 (兴趣课内渗透)	陆美金
《折纸》	二年级	自主开发《折纸》	二(2)班 (兴趣课内渗透)	郑文芳
《学说绕口令》	二年级	《学说绕口令》	二(4) (兴趣课内渗透)	施训
《写好铅笔字》	二年级	《写好铅笔字》	二(3)班 (兴趣课内渗透)	叶慧琼
《成语故事》	二年级	《成语故事》	二(1) (兴趣课内渗透)	冯莉华
《儿童画》	二年级	《儿童画》	二(5)班 (兴趣课内渗透) 美术教室	邱琼
《绘画》	三至五年级	《绘画》	五(1)班 (兴趣课内渗透)	姜忠萍
《树叶贴画》	三至五年级	《树叶贴画》	五(2)班 (兴趣课内渗透)	严之韵
《剪纸》	三至五年级	《剪纸》	四(1)班 (兴趣课内渗透)	邹景
《变废为宝》	三至五年级	《变废为宝》	三(4)班 (兴趣课内渗透)	洪伟彦

科目名称	落实年级	内容来源	修习方式	负责老师
《十字绣》	四、五年级	《十字绣》	四(2)班(兴趣课内渗透)	秦薇
《橡皮泥制作》	三、四年级	《橡皮泥制作》	四(3)班(兴趣课内渗透)	罗黎萍
《珠绣》	三至五年级	《珠绣》	三(3)班(兴趣课内渗透)	蔡冰夏
《儿童花艺》	三、四年级	《儿童花艺》	三(4)班(兴趣课内渗透)	胡蓓丽
《课本剧表演》	三、四年级	《课本剧表演》	三(1)(兴趣课内渗透)	曹瑾
《古诗朗诵》	三、四年级	《古诗朗诵》	三(2)班(兴趣课内渗透)	唐英
《韵律操》	三至五年级	《韵律操》	操场(兴趣课内渗透)	李慧娟
《足球》	三至五年级	《足球》	操场(兴趣课内渗透)	史跃林
《茶艺》	三、四年级	《茶艺》	大队部(兴趣课内渗透)	汤海霞
《电子小报设计》	四年级	《电子小报设计》	电脑房(兴趣课内渗透)	范斌
《名篇赏析》	三至五年级	《名篇赏析》	自然教室(兴趣课内渗透)	王莺
《硬笔书法》	三至五年级	《硬笔书法》	五(4)班教室(兴趣课内渗透)	高进华
《儿童画》	一、三、五年级	自主开发《儿童画》	限定修习(兴趣小组,课后进行)	邱琼
《儿童画》	一、二、四、五年级	自主开发《儿童画》	限定修习(兴趣小组,课后进行)	杨佩红
《合唱》	三至五年级	自主开发《合唱集》	限定修习(兴趣小组,课后进行)	王岚
《田径运动》	三至五年级	《田径运动训练册》	限定修习(兴趣小组,课后训练)	桂晓东 史跃林 李慧娟
《跳踢活动》	三至五年级	《跳踢活动训练册》	限定修习(兴趣小组,课后训练)	李慧娟 夏伟彬 史跃林
《足球》	三至五年级		限定修习(兴趣小组,课后训练)	史跃林 为主

注:每周三、五中午安排"快乐读书日"和"徜徉科技海洋"活动;每周一下午还安排四年级学生进行"游泳课"课程的学习。

三、精品氧吧课程的实施

我校根据自身艺术和体育方面具有一定优势的特点,开发了以绘画、京剧、体育为主的一系列精品课程,积极组织相关的教师有计划、有目的、循序渐进地推进特色课程的普及和学习。

科目名称	落实年级	内容来源	修习方式	负责老师
《弟子规》	一至三年级	文本《弟子规》	全年级修习	各年级班主任
绿洲文学社	三至五年级	学生自编	限定选修	竺灵
急救包扎	一至五年级	医疗室自编	全校选修	唐春雅
《京韵操》	一至五年级	京剧院开发《京韵操》(图解)	全校修习(体育课内渗透)	李慧娟 桂晓东 史跃林
《京剧唱段集锦》	一至五年级	国家统一印发	全校修习(音乐课内渗透)	王岚 汪妍 谢伏苓
《京剧表演》	三至五年级	京剧院开发	限定修习(社团)(课后训练)	谢伏苓
《手球》	三至五年级	自主开发《手球训练册》	限定修习(运动队)(课后训练)	桂晓东为主
《足球》	三至五年级	自主开发《足球训练册》	限定修习(运动队)(课后训练)	史跃林为主
《OM》	三至五年级	自主开发	限定修习	黄飞
《"非凡乐鼓"打击乐团》	三至五年级	自主开发	限定修习	丁烨 徐烨

第五部分　学校课程评价

一、学生评价：质性和量化相结合的特色学生评价

1. 微笑评价"加"年华

我校根据一、二年级开设的学科,各学科教研组长和备课组长基于课程标准要求,设计口试题目,制定评价标准。在"微笑评价'加'年

华"活动中,以"加油站"的形式,设立语、数、英、综合(音、体、美、品社、自然)4个评价科目,评价方式主要为口试,评价形式采取"游学会"的形式。评价等级分为大笑的红色赛车(优秀)、微笑的黄色跑车(良好)、不笑的蓝色商务车(合格)以及大哭的绿色家用车(不合格)。

2."绘成长"图文评价

除了微笑评价的等第制评价外,我校实行了"绘成长"图文评价来对学生进行全面的质性评价。学生每学期拿到的是一张绿莹莹的"绿地成长乐园图",记录学生学业、文体、社交、综合等方面的成长。在乐园中,有智慧树、行规树、责任树、劳动树等,水果贴纸记录学生一学期的学习情况。花朵是记录学生参加课余文艺比赛的情况;小动物象征着活力,是记录学生参加课余体育活动情况的;小朋友是记录这学期学生社交情况的,这里还记录了同学们对该生的评价。在乐园中,以绘图的形式记录学生成长的点滴,图文并茂,轻松活泼。

绿地成长乐园图

二、对教师的评价:分级评价

1.对备课组和教研组的评价

以"优秀备课组和优秀教研组建设"为抓手,在课堂实施的过程中进行过程性评价,并最终以教研组、备课组、个人实绩作为形成性评价

的依据。（附教研组评价指标一览表）

一级指标	二级指标	三级指标
常规建设	教学管理	教学计划的制定
		教学常规的执行与检查
		备课组长听课指导
		备课组教学质量管理（包括命题、测验、质量分析、考试成绩纵比、学习困难生的辅导）
	教研工作	教研活动组织定点、定时、定人、定专题
		教师公开研讨课/组内研讨课/导师带教课
		认真参加市区级教研活动
		教研组课题/论文/案例/反思
	学习进修	教研组教师进修状况
	活动交流	电子资料/音像资料/文本资料
工作绩效	教学	教学质量/市区片教学公开课
	获奖	教师获奖状况/教研组获奖状况/指导学生获奖
	论文	教师发表教学、教育论文（案例）/开发校本教材

2. 组内课评价

三级听课制度——同级组人员听组内课，行政人员听随堂课，每周四的语文、数学导师课，关注课堂教学。（主要从教师对学生的学习习惯的培养以及教学目标的达成度予以评判。）

（附课堂教学评价表——行政随堂课使用）

一级指标	二级指标	评价得分 1—10	小计
教学设计 20分	1. 目标制定明确适切		
	2. 学情分析科学实际		
教学实施 60分	3. 情景创设启发思维		
	4. 内容呈现正确有序		
	5. 反馈调节互动和谐		
	6. 训练作业合理适度		
	7. 资源技术适时有效		
	8. 教学效果有效达标		

一级指标	二级指标	评价得分 1—10	小计
教师修养 20分	9. 板书语言准确规范		
	10. 教学民主为生师表		
评语和建议		总分	
		等第	

说明：总分100—90分为优;89—75分为良;74—60分为中;60分以下为差。

3. 对教师开发和实施课程的评价

课程名称			施教者		教材类型	
评价项目	等级	评价等级			考评	
		优	良	一般	自评	学校评
课程内容激发学生兴趣	20					
课程内容的逻辑性	20					
课程实施为学生提供参与的空间	20					
学生能力提升得到认同	20					
课程实施达到预期目的	20					
总评						

三、对课程本身的评价

课程的认证与评估作为课程建设和管理的重要组成部分,在实践中有其现实意义。首先对课程具有诊断作用,评判出课程的优劣得失,作为课程管理者改革课程的依据;其次能够促进课程的全面建设,通过课程的认证与评估,课程管理者和教学人员能够获得相当数量的反馈信息,为改进教学提供一定的准则,同时促进教学质量的全面提高;再次能够促进课程制定的科学化,使课程目标更加明确和清晰,使课程实践者有更加明确的方向,从而推动课程朝着预期的方向发展。

课程评价指标体系表

指标	评价标准及其得分			
	A (80—100分)	B (70—79分)	C (60—69分)	D (59分以下)
学生的兴趣	1. 学生对本课程具有浓厚的兴趣和需求。 2. 有积极主动参与学习的愿望。	1. 学生对本课程有一定的兴趣和需求。 2. 稍有一些参与学习的愿望。	1. 学生对本课程不怎么感兴趣,没有很强的需求。 2. 学生被动参与。	1. 学生对本课程没有兴趣和需求。 2. 丝毫没有参与学习的愿望。
教师的现有水平	1. 教师的知识基础完全能胜任本课程的开发与实施。 2. 有开设本课程的经验。	1. 教师的知识基础基本可以胜任课程的开发与实施。 2. 开设本课程的经验不太足。	1. 教师的知识基础不太能够胜任该课程的开发与实施。 2. 没有课程的开发经验,但能继续学习。	1. 教师的知识基础无法胜任本课程的开发与实施。 2. 没有课程的开发经验,也无法继续学习。
社区及家长的需求	1. 社区及家长非常支持本课程的开发与实施。 2. 能够为本课程的开发与实施提供有效帮助,愿意主动参与其中。	1. 社区及家长基本支持本课程的开发与实施。 2. 能够为本课程的开发提供少许帮助,愿意主动参与其中。	1. 社区及家长不太支持本课程的开发与实施。 2. 不能为本课程的开发提供帮助,并不是很愿意参与其中。	1. 社区及家长完全不支持本课程的开发与实施。 2. 不能够为本课程的开发提供帮助,很不愿意参与其中。
学校的特色资源情况	1. 课程是基于学校内外部的特色资源开发的。 2. 能够为课程的开发与实施提供很好的资源支持。	1. 课程基本上是基于学校内外部的特色资源开发的。 2. 能够为课程的开发与实施提供一定的资源支持。	1. 课程基本没有学校内外部的特色资源的支持。 2. 基本不能为课程的开发与实施提供资源支持。	1. 校本课程的开发没有学校内外部的特色资源的支持。 2. 不能为课程的开发与实施提供资源支持。

注:表格最左侧合并单元格为"课程背景评价"。

94

指标		评价标准及其得分			
		A （80—100 分）	B （70—79 分）	C （60—69 分）	D （59 分以下）
课程方案的评价	课程指导思想	1. 课程方案设计充分体现课程的指导思想。 2. 完全符合学校整体课程规划的要求。	1. 课程方案设计体现了课程改革思想。 2. 基本符合学校整体课程规划的要求，但还存在些许偏差。	1. 课程方案设计思想与学校课程改革思想有一定差异。 2. 与学校课程规划总体安排有冲突。	1. 课程方案设计与学校课程思想冲突。 2. 与学校整体课程规划相矛盾。
	课程总目标	1. 课程目标清晰，反映当代社会发展趋势。 2. 对学生综合素养提高具有显著作用。	1. 课程目标清晰，基本体现当代社会发展趋势。 2. 对学生综合素养提高具有一定的促进作用。	1. 课程目标不太清晰。 2. 对学生某一方面素养的提高有促进作用。	1. 课程目标不清晰。 2. 对学生发展作用不大。
课程纲要的评价	课程具体目标	1. 课程的具体目标表述非常清晰、合理。 2. 有很强的层次性、弹性。 3. 完全符合学生已有的发展水平。	1. 课程的具体目标表述基本清晰、合理。 2. 有较强的层次性、弹性。 3. 基本符合学生已有的发展水平。	1. 课程的具体目标表述不太清晰、不太合理。 2. 层次性、弹性不强。 3. 不太符合学生已有的发展水平。	1. 课程的具体目标表述非常不清晰、不合理。 2. 没有层次性、弹性。 3. 完全不符合学生已有的发展水平。
	课程内容	1. 课程内容选择科学合理、结构清晰。 2. 呈现形式与学生发展水平相适应。	1. 课程内容选择基本科学合理、结构清晰。 2. 课程呈现形式基本与学生发展水平和特点相适应。	1. 课程内容结构不尽合理。 2. 课程内容的呈现不太适合学生的发展水平与特点。	1. 课程内容结构缺乏逻辑性或完整性。 2. 与学生现阶段发展水平脱节。
	课程组织	1. 课时安排合理，以不同课程形式实施课程。 2. 组织合理，符合知识的逻辑顺序和学生的水平。	1. 课时安排比较合理，以不同课程形式实施课程。 2. 课程组织基本符合知识的逻辑顺序和学生的水平。	1. 课时安排不太合理，以不同课程形式实施课程。 2. 课程组织不太符合知识的逻辑顺序和学生的水平。	1. 课时安排非常不合理，以不同课程形式实施课程。 2. 课程组织不符合知识的逻辑顺序和学生的认知水平。

指标	评价标准及其得分			
	A **（80—100分）**	**B** **（70—79分）**	**C** **（60—69分）**	**D** **（59分以下）**
课程评价	1. 有完整的课程评价计划与安排。 2. 有明确且成熟的评价方案。	1. 课程评价计划与安排已经确定。 2. 评价方案尚需继续完善。	1. 课程评价计划与安排只有初步考虑。 2. 课程评价方案正在酝酿中。	1. 没有明确的课程评价计划与安排。 2. 没有形成课程评价方案的办法。

跨界，是一种多维度的融合，是一种有逻辑的联结。当我们的学生面对一个个真实世界的问题时，他们需要有能力组合不同领域的学习经验来加以应对，这种能力的培养在很大程度上依赖于课程中是否具有明显的跨界特征。

　　FUN 课程：自由飞翔　自然成长

　　四叶草课程：过勤勉快乐的学习生活

跨界，似乎已经成为品牌营销的重要方式。原本看似毫不相关的商品，在天马行空的跨界思维指挥下，变身为互为支持的最佳拍档。跨界的本质是融合。通过自身资源的某一特性与其他表面上不相干的资源进行随机的搭配应用，可相互放大资源的价值，甚至可以融合形成一个完整的独立个体。

数学、音乐与美术，语文、科学与地理，这可能就是学校课程中那些表面上不相干的甲乙丙丁。各门学科各司其职，各个学科教师在教学上也不相往来，这似乎已经是我们早已习惯的常态。要打破这种常态，也因此要打破学科边界、教师边界、学段边界、资源边界进行统整，这实在是一个很大的系统工程——或许跨界的思维方式是这一统整的上佳路径。

为何我们的课程需要跨界？

因为今天的"学习"，仅把不懂的学会了是远远不够的，还需要学生培养起系统性、综合性的思维来做出选择、判断，需要学会借助各方力量来寻求解决问题的方案。这是单一学科的知识技能传授所不能承载的。当我们的学生面对一个个真实世界的问题时，他们需要有能力组合不同领域的学习经验来加以应对，这种能力的培养在很大程度上依赖于课程中是否具有明显的跨界特征。

跨界，是一种多维度的融合。跨界不仅仅局限于不同学科内容上的整合，同时也可能是教师思维上的碰撞，又或者是课程资源上的共享，也可以是师生角色的互换，还可能是家校间的融通。

跨界，是一种有逻辑的联结。在提升学生核心素养的总体关照下，以问题解决为出发点，一个个具有现实意义的议题呈现出跨学科的多种不同组合，学生藉由探究的路径浸润于不同学科、不同课程资源之间，不断有机会创生出新的联结。

从打破边界到无边界，跨界让学生的学习融为一个互相勾连的整体。

FUN 课程：
自由飞翔 自然成长

上海市普通小学利用十多年在"智慧育人"办学上已经形成的研究基础与成果,在国家课程的校本化实施和学校课程的个性化运作中,在哲学层面上完善并建立起基于百年校情、适合学生发展的"快乐课程",我们称之为"FUN 课程"。它以 Free(自由)、Unique(唯一)、Natural(自然)三个关键词为核心,旨在让每一个学生自由飞翔,自然成长,全面而有个性的发展。FUN 课程的重建与实施,着重在学科内、学科间、课程与学校活动之间进行统整,同时开展"展示即评价"的评价研究,使"FUN"课程具有可视化的体现,以引领学校发展。

第一部分　课程愿景

一、办学愿景

通过"FUN 课程"的建立与实施,践行"智慧育人"理念,推进"3 + 1"研究领域的微改进,将新课程理念融入学校课程实践之中,为多层、多元的课程开发创造良好的条件与氛围,搭建学校内涵发展的新平台。

首先,培育学生。通过"FUN 课程"的实施,为儿童营造适合其发展的自由的、唯一的、自然的、快乐的成长世界，引导学生与国家课程、学校课程进行"对话"，提供感性认知，在课程中回归自然、塑造自我、享受自由。

其次，成就教师。通过"FUN课程"的开发和实施，带动教师深入把握"智慧育人"理念下的课程的丰富内涵，开展丰富多彩的课程实践活动，在"体验—反思—再体验"的螺旋递升中提高自身课程开发与课程实施的能力，实现教师专业成长。

最后，发展学校。通过"FUN课程"的实施，将"智慧育人"的教育理念融入全面的教育教学实践之中，更加凸显学校"智慧育人"特色，再塑"普通小学不普通"品牌。

二、课程理念

"FUN课程"的课程理念是基于儿童观点、关注儿童立场的，我们将它定义为："自由飞翔，自然成长，让每一个学生全面而有个性的发展。"

——自由飞翔：FUN课程的"F"，即free，翻译为自由的，意为学校关注儿童立场，让学生自由地选择课程，在课程学习中自由飞翔。

——唯一的我：FUN课程的"U"，即Unique，翻译为唯一的，意为学校课程将为每一个学生订制独特的课程经历，以此培养独特个性，让学生做唯一的自己，而且能够全面而有个性的发展。

——自然成长：FUN课程的"N"，即Natural，翻译为自然的，意为学校课程积极遵循儿童认知规律、身心发展规律及教育教学规律，使课程更加贴近自然与生态，让学生在课程学习中自然成长。

"FUN课程"体现的是一种快乐的追求与境界，孩子们能够在自由、自然中成就唯一的自己。

——快乐是一种智慧。我们的课程，可以让学生自由选择与自主创想，让儿童在学习实践中学会做人，在团队合作中学会交往，在平等交流中学会尊重，在探索世界中获得智慧，然后构筑起人生价值观。

——快乐是一种能力。西方一位哲学家说过，人有避苦趋乐的本性。快乐是需要用能力去感知与表达的，而这种能力并非与生俱来。我们的课程，则根据学生的年龄特征和心理特点，开设出多元的课程，为学生创造尽可能多的机会,让学生在尝试与体验中,学会感受快乐、理解快乐、表达快乐。

——快乐是一种积淀。快乐是人类生命蓬勃向上的源泉,是用正能量去感染他人最细微的精神需求。孩子心中的快乐是需要培育、积淀的。没有智能的积淀、情感的累积,快乐是无法表达及真正体会的。我们的课程便是这样一种积淀。

"FUN课程"展示的是"F-U-N"整体之美。一个充满个性的"唯一的我",在充满自由和自然的课程天地里,开启一次次快乐的学习旅程。无论是国家课程的校本化实施,还是学校课程的个性化运作,有了"F-U-N",儿童的生活更加真实,儿童的生命更加灵动,儿童的世界更加多彩。

三、课程目标

"FUN课程"旨在培养有慧心、会生活,有慧脑、会学习,有慧手、会创造的素质全面、个性鲜明、身心活跃的"快乐普小人"。

"FUN课程"的课程目标,具体体现在义务教育阶段五个学年之中。基于"三有三会"培养目标,基于课程标准,不分年级段,主要目标阐述如下。

"FUN课程"的课程目标

培养目标	课程目标		
	低年级	中年级	高年级
有慧心、会生活	在课程中感受自然,享受生活,培养热爱自然、热爱生活的情感。	在课程中观察探究周围的世界,培养良好的生活习惯和学习习惯。	在课程中与同伴融洽相处,共同学习,培养善于合作、乐于分享的品质。
有慧脑、会学习	通过课程学习,培养孩子浓厚的学习兴趣,乐于参与各种课程活动。通过课程学习,培养孩子良好的学习习惯,善于倾听,主动学习,为自己确立适当的学习目标。	通过课程学习,培养孩子掌握正确的学习方法,善于思考,主动探究,有较丰富的想象力和一定的发散思维能力,有独特的见解和较强的思辨能力。	通过课程学习,培养孩子良好的合作意识,乐于与同伴相互合作,互帮互助,在与他人分享的过程中体验学习的快乐。

培养目标	课程目标		
	低年级	中年级	高年级
有慧手、会创造	重视孩子的课程理解，通过丰富多彩的活动，让孩子全身心地投入到课程学习中，通过多种感官的刺激，加深学生对学习的理解。	重视孩子的课程体验，真正启用学生的双手，在参与做一做、画一画、种一种、展一展等活动中，激发孩子的探究精神和创新能力。	重视孩子的课程参与，激励孩子参与到课程的创新和完善中去，发挥孩子的主人翁意识，与老师一起丰富课程的内容，完善课程体系，使学生真正成为课程的主人。

第二部分　课程体系

快乐课程即"FUN课程"，包括国家课程，即科学的、规范的、正式的基础型课程；学校课程，即儿童个体的、自主选择的、满足需求的校本课程（包括部分拓展型课程、探究型课程）。

一、"FUN课程"内容架构

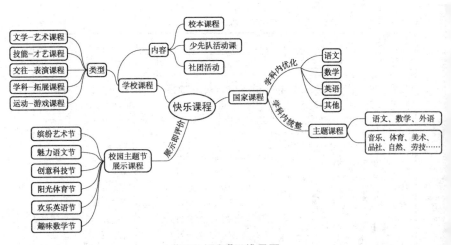

"FUN课程"思维导图

二、课程内容与设置

"FUN课程"内容着重在学科内、学科间、两类课程与学校活动之间等统整研究，同时开展"展示即评价"的研究，使"F－U－N"有可视化的体现。

1. "学科内"统整。针对学科内统整，主要指对国家课程"校本化实施"的改进，在原有学科"单元教学目标"统整的基础上，从语文、数学、外语、音乐、体育、美术、自然、信息科技等学科着手，围绕学情，对教材作纵向梳理，可借鉴其他版本教材之优势，统整确立"单元主题课程"，制定"教学指南"。

课程评价 \ 课程设置		国家课程	学校课程	
校园主题节展示课程	三月魅力语文节	语文 数学 外语 …… 注重学科内优化		倾向书本知识
	四月创意科技节			
	五月缤纷艺术节			
	十月阳光体育节	音乐 体育 美术 品社 自然 劳技 …… 尝试"主题性"统整	校本课程 +少先队活动 +社团活动 =三位一体	倾向实践活动
	十一月趣味数学节			
	十二月欢乐英语节			

2. "学科间"统整。在国家课程之间确立"主题课程"的内容。探索相关学科打通与重组的行动方案，既保持各学科原有知识的结构序列，又围绕主题进行相关内容的梳理，并作适度的整合，形成各学科优势融为一体的主题课程，并有计划、按步骤地实施。2013学年开始，学校以语文、品社为样本学科，在各年级进行相关内容的统整，编制"活页教材"。

3. "校园主题节展示课程"统整。校园主题节展示课程是学校自主设计并实施的校本化节日，是根据学生发展的个性化需求而确定的综合性活动。学校以"三月魅力语文节"、"四月创意科技节"、"五月缤纷艺术节"、"十月阳光体育节"、"十一月趣味数学节"、"十二月欢乐英语节"六大校园主题节的"系列主题"为主轴,开展主题节与相关学科、相应社团的统整研究,协调多方资源,成立校园主题节展示课程项目组,围绕某一校园主题节的主题,从课程资源、课程内容分别梳理出有机统整的融合点,形成"校园主题节展示课程"统整图谱(如图所示)。

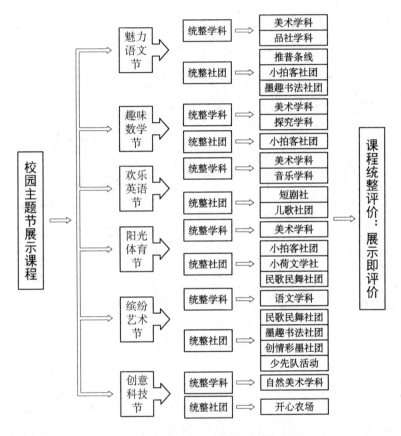

校园主题节展示课程统整图谱

同时与国家节庆日、中华传统节日相整合,设立新生开笔礼、入队(团)礼、十岁礼、毕业礼等仪式,在课程实践中创生"校园主题节展示课程"。

学校旨在通过与国家课程、学校课程、少先队活动课、社团活动的对接和重组,以活动过程中的参与态度、行为习惯、团队意识、隐性感受、自尊自信以及发展潜力为评价的准则,关注表现性,体现过程性,让学生在校园主题节展示课程的学习中体验成长快乐,促进其全面发展。

4. 多元化评价统整。学校不断改进学生评价方式,更多地采用表现性评价方法,尝试多主体、多元化评价。在遵循《绿色指标评价》及《成长记录册》基础上,整合学校原有的课程评价手册《智慧学分卡》、《摘星评价制》、《快乐活动评价表》等,重点针对"校园主题节展示课程",制定与之相适应的新型评价指标。

学校设立普小梦舞台、小小视界电视台(红领巾演播室)、乐乐小超市等平台,为学生提供展示才能的机会,从而突破"唯分数"的评价体系,体现"展示即评价"的理念,并逐渐成为课程评价的新导航仪,使所有学生走在快乐的学习旅程中。

第三部分　课程实施

一、致力于"学科内"课程统整微改进

关于国家课程的校本化实施,主要体现在对课程标准的理解与把握上,也体现在是否依据学校背景、文化形态、教师能力、教学风格,对国家课程进行符合学校实际的研究与实施上。

以一年级语文基于课程标准的教学与评价研究为例。学校教师认真研读语文课程标准,编制《一年级语文教学指南》,对一年级学生拼音、识字、朗读、表达、习惯等方面的教学作出清晰而具体的要求,包括整册教学目标、单元教学目标、每课时教学目标。精准制定教学目标,精心设计教学过程,以期有效达成目标;互相观课,在课堂上检测教学目标的达成度;研究作业,严格控制作业量和作业难易度;研究考试评价,以过程性、多样性考查替代一张考卷定分数的简单方式。

嵌入式课程：特色课程的路径和方略

类别	教学指南	备注
教学总目标	1. 学习353个生字，要求读准字音，认清字形，大致了解在语言环境中的意思，也就是说，对生字在课文里会读，离开课文会认。认识汉字的基本笔画和常用的偏旁部首，了解笔顺规则，培养主动识字的兴趣和初步的识字能力。	
	2. 学习汉语拼音的声母、韵母、声调和整体认读音节。学习拼音方法，能正确地拼读音节。能借助拼音识字、阅读。练习用普通话朗读课文，回答问题，进行简单的口语交际。	
	3. 学习用铅笔写字，会在田字格中描摹215个汉字，能写得正确、端正、整洁。要激发学生写字的兴趣，培养正确的写字姿势和执笔方法，养成良好的写字习惯。	
	4. 学过的词语会读，大致了解在课文中的意思，积累本册教材中学习的138个词语。	
	5. 学过的句子会读，积累本册教材中学习的句子，部分句子能学会运用。	
	6. 能听清楚几句话，能听懂老师的提问和同学的回答，听人说话时态度认真，注意力集中。养成边听边想、边听边记的习惯。	
	7. 能清楚明白地回答老师和同学的提问，在看图说话时学习展开想象，人际交往中能根据语境说几句话。学习使用礼貌语言。学习句号、问号、感叹号，认识逗号、冒号、顿号、引号等标点符号。	
	8. 学习朗读课文，对朗读有兴趣。能读得正确，注意不加字、不漏字、不顿读、不唱读，并逐步学习读得比较流利、读出感情。能背诵全部古诗，能背诵课文。	
	9. 能在课外阅读适合自己的各种儿童报刊和书籍，能爱护报刊和图书。	
教学重点	10. 学习353个生字，要求读准字音，认清字形。认识汉字的基本笔画和常用的偏旁部首，了解笔顺规则，培养主动识字的兴趣和初步的识字能力。	
	11. 学习汉语拼音的声母、韵母、声调和整体认读音节。学习拼音方法，能正确地拼读音节。能借助拼音识字、阅读。练习用普通话朗读课文，回答问题，进行简单的口语交际。	
	12. 学习用铅笔写字，会在田字格中描摹215个汉字，能写得正确、端正、整洁。要激发学生写字的兴趣，培养正确的写字姿势和执笔方法，养成良好的写字习惯。	
	13. 积累138个词语，大致了解在课文中的意思。学过的句子会读，积累本册教材中学习的句子，部分句子能学会运用。	

类别	教学指南	备注
教学难点	14. 能清楚明白地回答老师和同学的提问,在看图说话时学习展开想象,人际交往中能根据语境说几句话。	
	15. 学习朗读课文,对朗读有兴趣。学习读得比较流利、读出感情。能背诵全部古诗,能背诵课文。	
	16. 在阅读中识字,在识字中积累语言材料,在语言材料的阅读中巩固生字,发展语言,做到识字、阅读、发展三促进。	
	17. 重视学生学习习惯的培养,养成听、说、读、写、问、想的好习惯。	

"FUN课程"的课程理念为:自由飞翔,自然成长,让每一位学生全面而有个性的发展。开展"语文学科内统整微改进",以"教学指南"实现语文教学的"快乐学习"境界:

一是回归"本源",轻轻松松教语文,快快乐乐学语文,让语文回归本源,返璞归真,充满童趣,重返心灵。

二是注重"人文",让文本充满人文性,让课堂充满表现力,真正使语文课堂成为陶冶学生性情、展现学生个性、开拓学生视野的舞台。

三是勇于"开放",突破一本书、一个教室、一个教师、一个答案的封闭局面,建立开放的教育思想,开放内容,开放形式,开放评价。

二、注重于"学科间"课程统整微行动

探索打通 A 学科与 B 学科,探索两门学科重组的行动方案,形成既保持各学科原有知识的结构序列,又围绕主题进行相关内容的梳理,并作适度的整合,形成各学科优势融为一体的主题课程,开展"A＋B"跨学科主题教学,分步骤、分阶段实施,发挥跨学科统整的综合优势。

比如:《品德与社会》在教材编写体例上采用主题统整、单元编排的方式,每个单元由若干课组成。而语文学科也是采用主题编排的方式,无论是主题还是内容,与《品德与社会》学科有一定的重合,同时语文学科蕴涵的人文性、思想性、文以载道之观念,与品社学科也有着内

在的一致性和融通性。尝试打通"语文"与"品社"学科，开展"语文＋品社"跨学科主题教学。借助品社学科，语文学科可以从品社学科中汲取营养，提升语文教学的内涵；同时奠定语文教学的知识资源，提高语文理解、思考能力的广度与深度。同样，来自语文学科的营养也有利于品社学科的教学，两者统整后的价值远远超过单一学科。

学校采用四步法，统整"语文-品社"相关主题，形成跨学科主题课程，编制"活页教材"。

第一步：研教材，立主题。学校组织语文兼品社学科的教师开展"跨学科"主题教研活动，就语文和品社学科的"教材分析"、"单元主题"、"单元三维目标"、"课时三维目标"等一一梳理，将具有相关联系的教学内容进行学科间纵向连贯，完成学科间的相互渗透、课程间的相互影响，确立主题课程，从而达到教学内容的系统化。

第二步：梳课文，统内容。在细读文本、确立主题的基础上，项目组教师梳理出部分"语文-品社"相关的统整内容。

"语文-品社"主题统整

	一年级 第一学期	二年级 第一学期	三年级 第一学期	四年级 第一学期	五年级 第一学期
主题课程	我是小学生	祖国各地风光美	踏上美好旅程，欣赏各地风景	重温中国革命的光辉历程	忆往昔峥嵘岁月
语文	1. 我是小学生 2. 王老师教我们语文 3. 小花鼓 4. 小山羊和小熊	1. 鸟岛 2. 长城和运河 3. 迷人的秋色 4. 黄山奇石 5. 雾	1. 威尼斯小艇 2. 悉尼歌剧院 3. 令人神往的日内瓦 4. 一座铜像 5. 圣诞老人的故乡	1. 手术台就是阵地 2. "走"完长征的婴儿 3. 狼牙山五壮士 4. 古文二则 5. 带刺的朋友	1. 飞夺泸定桥 2. 黄河颂 3. 采蒲台的苇 4. 开国大典 5. 林海
品德与社会	1. 认识你，认识我 2. 交个好朋友	我为祖国骄傲	1. 公用设施来之不易 2. 人人有责去爱护	1. 万国建筑博览上海的屈辱史 2. 民居里的革命身影 3. 伫立在外滩的雕像	1. 寻根问祖黄河源 2. 山河统一立华夏

	一年级第一学期	二年级第一学期	三年级第一学期	四年级第一学期	五年级第一学期
统整主题作业	1. 利用课后时间，向新同学作一个自我介绍 2. 回家后，和家人介绍一下自己各科的任课老师 3. 夸夸帮助过我的好朋友	学习《长城和运河》一课后，学着仿写几句话，来介绍祖国其他的伟大奇迹	1. 介绍一个景点的建成情况 2. 向家人介绍日内瓦的景色以及有这些景色的原因	1. 了解一些名人的雕像，参观上海的名人故居，查一查上海的名人故居里还发生过哪些值得纪念的事，这些名人都做过哪些有意义的事 2. 结合上海民居和名人故事，制作一份探究小报	1. 黄河岸边风光和问题探究 2. 说说解放后我国为治理黄河并开发利用黄河资源做了些什么，你对母亲河有什么建议

第三步：定目标，细分解。在"语文-品社"主题课程中，对于学习目标一致、内容接近的课文，如何教学是一个关键。一方面体现着不同的运用价值，另一方面在终极目标上又汇成一种力量，实现着感性与理性、情感与实践的融合，促进着学生发展和"道"的形成。

第四步：重落实，求实效。"语文-品社"统整之后，教师的角色发生了变化，在课堂教学中能有机将语文和品社的内容统整，形成大语文观。主题课程的学习，有助于节约无谓的重复，避免浪费宝贵的教学时间，同时可以在学生脑海中形成完成的主题课程概念，加深学生对知识的理解。

案例：忆往昔峥嵘岁月——《黄河颂》、《孕育中华文明的黄河》

语文学科：《黄河颂》

品社学科：《孕育中华文明的黄河》之《寻根问祖黄河源》

语文教材中的《黄河颂》是光未然作词、冼星海谱曲的《黄河大合唱》第二章。诗人以"望黄河滚滚"的"望"字一直统领到"把中原大地劈成南北两岸"，赞颂黄河对于中华民族的伟大贡献，歌颂黄河像一道天然屏障保卫着中华民族。

《黄河颂》、《孕育中华文明的黄河》主题课程统整的价值：

《品社》教材第一单元《孕育中华文明的黄河》之《寻根问祖黄河源》的历史内容为学生深入理解光未然的《黄河颂》提供了历史背景，有利于学生深刻理解祖国的优秀儿女为新中国抛头颅、洒热血的爱国情怀。而诗歌《黄河颂》磅礴的气势、押韵的文字、鲜明的节奏、整齐错落的句式，使学生在朗诵的过程中、情感的迸发中，感性地理解黄河的历史知识。

"语文-品社"的统整，是学校"跨学科统整微行动"的举措之一，在这基础上，学校将尝试以"校园主题节课程"为核心，以主题的方式，开展跨学科统整。例如"创意科技节"活动中，以"水"为研究主题，可以将美术、数学、语文、音乐等学科内容加以统整，形成主题系列。

三、践行于"校园主题节展示课程"统整微构建

在"校园主题节展示课程"实施过程中，学校主要立足以下三点：

其一，"学科教师＋班主任"两位一体的工作模式。学科教师负责确立以学科为主的校园主题节的内容，紧扣教学内容有机渗透，班主任则围绕学科主题进行梳理统整，将有关活动整合实施。两者互为一体，相辅相成。

其二，"校本课程＋少先队活动＋社团活动"三位一体统整实施。学校将基于教师才艺开设的"校本课程"，基于学校特色开设的"少先队活动课程"，基于学生兴趣开设的"社团活动"分类筛选，形成"校本课程菜单"，供学生个性化自由选择，以此为校园主题节展示课程打下扎实基础。

其三，"网上选课＋全员走班"的运作模式。首先，建立"网上选课系统"。在确定具体开设的科目后，学科教师列出课程类型、科目名称、课程内容、课程开发者、上课地点等有关信息，在校园网公布信息。其次，采用"走班制"的形式。分校级和年级两个层面。校级层面面向

全校学生,跨年级、班级进行走班流动,师生双向选择;年级层面则赋予学生更多的自主权,采用学生自选课程、自选老师,以走班流动的形式开展。如此一来,全体学生每学期选择一门学科,在校五年可参加10类不同课程,最大限度地调动学生自主学习的积极性,发展广泛的兴趣爱好,为充分展示自己做准备。

学校课程菜单

课程类型	课程名称	课程口号	教师	地点	课程学分	人数
技能才艺课程	创意纸工	用创意点亮生活	刘慧兰 葛华远	五2	5	40
	救护小天使	关爱生命,关注健康	蔡海英	四8	5	26
	快乐童心活动课	我会活动,我快乐	毛秋凤	二5	5	40
	墨趣书法	书人生抒梦想	汤剑波	书法教室	5	18

嵌入式课程：特色课程的路径和方略

课程类型	课程名称	课程口号	教师	地点	课程学分	人数
	小小拍客摄影☆	小镜头看大世界	蒋子玥 顾婵	三6	5	20
	……					
交往表演课程	小小金话筒		沈怡君	礼堂	5	21
	超级变变变	玩玩超轻土 快乐在心中	钱建英	二9	5	37
	创意小主编	我编辑，我快乐	郭海音 顾秋阳	一7	5	43
	我的动植物朋友们	亲近自然	程燕	东校区实验室	5	40
	绿色小农夫☆	经历探究，感悟生命	庞冲	开心农场	4	19
	……					
运动游戏课程	趣味扑克乐多多	学趣味扑克 成智慧之星	朱萍　唐莺	二4	5	44
	趣味体育游戏	我运动，我健康 我健康，我快乐	陈锋	东校区操场	5	36
	灌篮高手	我会篮球，我快乐	蒋建峰	操场	5	20
	三棋	纵横天下	朱元　黄黎俊	教师食堂	5	45
	绳彩飞扬	绳彩飞扬，快乐童年	张琦	彩色广场	5	25
	足球小将	我会足球，我快乐	李忠	操场	5	25
	……					
文学艺术课程	快乐小诗人	熟读唐诗三百首，不会作诗也会吟	陈一青	五1	5	30
	豆贴画	小小豆子变化无穷	沈益萍 胡炜烨	二8	5	44
	民歌合唱☆	唱出我们的心声	朱兰　蒋静	音乐教室	5	80
	小荷文学社	小荷文学社，梦开始的地方	徐筱颖	图书馆	5	25
	民族舞蹈☆	舞蹈起来，快乐起来	邵怡　余庆	舞蹈房	5	11
	石之趣	小小石子块，玩出大艺术	沈萍　赵洁	四9	4	40

课程类型	课程名称	课程口号	教师	地点	课程学分	人数
技能才艺课程	创情彩墨☆	墨趣横生,美在七彩	汤伟	美术教室	5	20
	……					
学科拓展课程	经典伴我行	我诵读,我快乐	周靖	一 9	5	37
	趣味语文	广读、勤思、巧练、敢创	沈煜	五 3	5	25
	马小跳玩数学	会学、会玩、会思考	刘燕	五 9	5	30
	看图说话写话	看看、说说、写写	石晓红 朱琴	二 1	5	44
	英语歌曲欣赏	唱唱歌曲真快乐	樊晓红	四 7	5	35
	……					

在此基础上,明确操作三"步"曲:

第一步:梳理学科本体中的德育内涵,为主题节定基调。各学科都有自身的结构和体系,校园主题节的主题侧重点也有所不同。但都需要立足学科特点开展某一主题的活动,在丰富的体验中培养学生不同的学科素养,提升学生的思维、观察、人格、意志等综合品质。如数学学科其本质包括数学思想方法的把握、思维方式的感悟、对数学美的鉴赏(其核心为简洁、对称、奇异)、对数学精神(理性与探究)的追求。前两者偏重于知识技能,后两者则偏重于情感、态度、价值观的引导。数学节的主基调(即活动目标),除了培养学生对数学学科的认同外,更多地培养学生以好奇心为基础的对理性的不懈追求。

第二步:整合主题中的多学科德育内涵,为主题节定旋律。各学科围绕校园主题节展示课程的主题,调整学科教学内容,挖掘德育内涵,形成"活页教材"。如魅力语文节以"走进春天"为主题,体现语文学科本质中的德育内涵,对学生进行民族精神的培育和人文精神的熏陶,培养学生热爱春天,热爱大自然,从而陶冶审美情趣。

第三步:通过展示活动进行表现性评价,为主题节定节拍。减少机械的、以复现为本质的教育评价弊端,以活动过程中的参与态度、行为习惯、团队意识、隐性感受、自尊自信以及发展潜力作为评价的准则，通过摘星评价方式，关注表现性，体现过程性；完善"校园主题节展示课程"学分评价，在主题节中体验快乐，切实减轻学生学业负担，促进学生全面发展。

1. 校园主题节与基础型课程的统整实施

"校园主题节展示课程"提倡通过课内学习、课外活动，使学习中获得的间接经验与体验活动中获得的直接经验完美融合。基础型课程无疑是课内学习的主阵地，因此结合主题节内容，对教材内容进行重组是必不可少的。在魅力语文节中，语文教师结合"走近春天"的主题对 10 个学期的语文教材进行了细致的梳理，形成了主题节"活页教材"。

"走进春天"魅力语文节统整内容

学科	年级	教学内容	教学目标
语文	一上	《四季歌》	《四季歌》：认识"春、夏、秋、冬"4 个生字；认识复韵母"ie、üe、er"和两个整体认读音节"ye、yue"，会拼读一首儿歌"四季歌"；会书写"春、秋、冬"。在朗读识字中感受春天的美好。
语文	一下	《春天在哪里》、《春雨沙沙》、《一粒种子》、《绿》	《春天在哪里》：用学过的各种方法识记生字，并能在语言环境中正确认读。联系课文内容，初步了解春天里风、雾、雨、阳光，以及一些植物的特点。感受春天的美好，培养热爱春天的情感。 《春雨沙沙》：能运用多种方法识记本课生字新词。积累描写春雨的句子感受课文描绘的迷人春景，尝试有感情地朗读课文。 《一粒种子》：识记 8 个生字，指导学生读好课文练习中的长句。知道种子通常在春天发芽长大，初步了解种子发芽需要一定的温度、水分和空气，初步激发学生进一步了解植物的兴趣。 《绿》：识记本课 9 个生字，正确朗读课文。通过本课学习能联系学生已有经验，说说"所有的绿集中起来"的情景，做到声音响亮，态度大方，表达清楚。感受作者对"绿"色的赞美，对春天的热爱。
语文	二上	《山里的桃花开得迟》	《山里的桃花开得迟》：学习字词，边读边想，初步懂得山里的桃花为什么开得迟。正确朗读课文，听写一句句子。学习少年沈括强烈的求知欲望和探索精神。感受春天植物生长的特点。

学科	年级	教学内容	教学目标
语文	二下	《太阳的话》、《享受森林》、《西湖名堤》	《太阳的话》：学习字词，能读懂诗歌的内容，展开合理想象，说说听了太阳的话，想对太阳说些什么？体会太阳给人们带来的温暖、朝气和光明。 《享受森林》：学习字词，能读懂课文内容，知道文中樱樱的"森林"的意思，能找到描写樱樱"护理森林"的句子。培养学生乐于亲近自然、热爱自然的情感。 《西湖名堤》：学习字词，正确、流利地朗读课文，背诵课文第2节。了解白堤和苏堤的来历，感受西湖不仅有秀丽的山水，而且有美丽的传说，一物一景都富有情趣，是世界闻名的旅游景区。
语文	三上	《天鹅的故事》	《天鹅的故事》：识记字词，能正确、流利地朗读课文。了解课文的内容，联系上下文理解天鹅啼叫含义。重点学习预习课文的方法：边读边划出不理解的词语。懂得只有齐心协力才能共渡难关。
语文	三下	《春的消息》、《春天的小雨滴滴滴》、《放风筝》	《春的消息》：按要求预习课文：能说出自己知道的春天的消息；用自己认为合适的方式理解词语"盼望"、"爱怜"、"雀跃"。体会春天来到时人们欢快的心情以及对春天的喜爱之情。 《春天的小雨滴滴滴》：学习字词，有感情地朗读课文，背诵自己喜欢的句子或小节。联系课文内容，体会比喻句和拟人句的作用。感受作者对春雨的喜爱之情。 《放风筝》：学习字词，按要求预习课文：读通课文，了解课文主要内容，用自己认为合适的方法理解词语"视野、翱翔、徘徊、小心翼翼"。体会"好像"、"似乎"两个词语在句子中的作用。体会小男孩爱护公物的好品质。
语文	四上	《和我们一样享受春天》	《和我们一样享受春天》：通过品析"不速之客、祈盼、频频"等词语体会文章所传达的思想情感，从而有感情地朗读课文。懂得和平的重要，激发学生热爱和平、维护和平的情感。
语文	四下	《燕子》、《小溪流的歌》、《笋芽儿》	《燕子》：能正确朗读课文，并适当注意感情。选择自己喜欢的小节背诵。能仿照课文第一节的写法，学习抓住外形特征来介绍自己喜欢的一种小动物。通过品读重点词句，感受燕子的可爱和春光的美丽，体会春天给人们带来的愉悦心情和蓬勃向上的力量。 《小溪流的歌》：能正确、流利地朗读课文。了解课文内容，并能结合文本内容，用一个词来概括"小溪流的歌"的特点。通过对文中词句的理解，感受并学习小溪流活泼欢快、积极向上、勇往直前的生活态度。 《笋芽儿》：能按照要求预习课文，自学字词，联系上下文理解"撒娇、爱抚、央求、暖烘烘"等词的意思。能正确、流利地朗读课文，并抓住重点词句体会笋芽儿的变化。能从笋芽儿破土而出这一自然现象中悟出只有经历风雨、勇于锻炼，才能健壮成长，初步培养自强自立的精神。

学科	年级	教学内容	教学目标
语文	五上	《快乐的杉树林》、《烟台的海》	《快乐的杉树林》：正确、流利、有感情地朗读课文，背诵喜欢的小节。学习课文围绕中心有顺序地描写的写作方法练习写段。体会作者对杉树林的喜爱之情，感受杉树林给作者童年带来的快乐。 《烟台的海》：理解"气势汹汹"、"前赴后继"、"锲而不舍"、"惬意"等词语的意思；品味课文用优美文字来体现烟台的海一年四季不同的特点。感受烟台的海的美丽诱人，激发对祖国山河的热爱之情。
语文	五下	《蝴蝶泉》	《蝴蝶泉》：能读准字音，读通课文。能结合文后的注释及译文，读明白短文的意思。知道课文描写了蝴蝶泉泉水清冽、古树奇特、蝶儿优美的美景。感悟课文中所描绘的蝴蝶泉景物之间亲密和谐之美、淡妆浓抹之美、动静相衬之美，进而激发学生热爱祖国美好河山的情感，体会文言文文字精辟、洗练的独特魅力。

2. 校园主题节与学校课程的统整实施

校园主题节展示课程中的展示内容，来自"快乐活动日"校本课程的真实活动，众多活动成果自然而然形成了"快乐课程超市"。在欢乐英语节中，百灵鸟合唱社团献上了他们的英语小组唱，快乐小诗人们则专门创作了英语组诗，小荷文学社用一张张美轮美奂的英语小报，为英语节增添了亮色……"快乐课程超市"蕴藏着各学科的拓展内容，改变了"节前突击"、"占课排练"的形式主义行为。

"民韵乡情"缤纷艺术节统整内容

科目	课程类型	社团	学生	课程目标	主要内容	开发实施
快乐小百灵	民歌	百灵鸟合唱团	三至五年级	统整课内外民族音乐知识，教师示范与学生自主练习相结合，基本掌握正确的歌曲演唱方法；了解合唱；学会演唱优秀民族民间歌曲，了解祖国博大精深的民间音乐文化，培养学生对民族文化的感情。	1. 欣赏优秀的民族音乐作品，加深了解，培养兴趣； 2. 学习正确的歌曲演唱方法，知道唱的要领； 3. 排练完整的民歌合唱作品进行展示。	朱兰蒋静

科目	课程类型	社团	学生	课程目标	主要内容	开发实施
民族舞蹈	民舞	小孔雀舞蹈团	全校	1. 通过收集民族舞蹈资料、学生实践活动、教师集中研讨的方法来传承和发扬民族文化,使之形成切实可行的校本教材。 2. 学科间相互渗透,相互补充,相互促进。力求在弘扬民族精神的基础上有所创新。	1. 欣赏优秀的民族舞蹈作品,加深了解,培养兴趣; 2. 学习1—2个民族舞蹈; 3. 创编完整的舞蹈作品进行展示。	余庆邵怡
创意浮雕	泥塑	巧手坊	低中年级	拓展资源,构建民间艺术主题性赏画课程,提高审美能力。	泥塑动物、人物,以浮雕形式,有创意地表现平面作业。	晓钦
创意小制作	工艺		低年级	融合民间艺术资源,统整美术教材内容,有创意地采用工艺制作形式统整文化资源,提升创造性学力。	1. 学习与了解民间艺术; 2. 结合民间工艺进行小制作教学。	海燕
创情彩墨	彩墨画	快乐小画家	中高年级	统整家乡文化资源,优化示范方法,探索以彩墨画工具、运用装饰风格的绘画语言表现家乡主题作品,传承家乡美术文化,激发爱乡之情。	1. 走近艺术大师陆俨少; 2. 探访古庙古塔; 3. 漫步江南园林; 4. 逛逛州桥古镇; 5. 嘉定特产荟萃。	汤伟

3. 校园主题节与少先队活动课程的统整实施

校园主题节展示课程展示的另一内容来自于少先队活动课程。主要依靠统整校内外各项资源,如人力资源、生活资源、人文历史等各种资源,形成学校教育资源库,供灵活选择(如图所示)。

在阳光体育节中,少先队组织开展"红领巾吉尼斯擂台赛",设置滑轮、呼啦圈、滚铁环、踢毽子、跳绳等项目,学生自主申报向上一届擂主挑战,挑战成功则成为新一届擂主。活动中,注重智育、体育、美育、公益与实践活动并举,培养自主、创新能力,增强集体荣誉感与社会责任感。

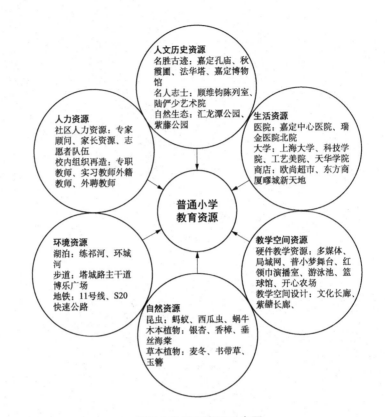

普通小学教育资源示意图

少先队活动课程统整内容

课程时间	课程名称	少先队活动形式与内容
三月	魅力语文节	红领巾"微报告"：充分发挥红领巾小社团的作用，在学校小记者团、红领巾广播站社团中开展寻访活动，以红领巾"微报告"的形式在红领巾广播站向全体队员展示语文节精彩花絮。
四月	创意科技节	小小农场主：充分发挥科技小社团的作用，以"开心农场"为阵地，开展实践活动，培养队员的劳动能力。
五月	缤纷艺术节	红领巾义卖会：通过自制艺术小制作增强队员动手能力和创新能力；通过义卖会（自己的小制作）开展公益活动，培养队员的爱心以及社会责任感。
十月	阳光体育节	吉尼斯小擂台：以擂台赛形式产生一批"普小吉尼斯"擂主，培养队员勇于挑战的竞争意识，并通过体育活动强健体魄，培养乐观、开朗、积极的生活态度。
十一月	趣味数学节	24点擂台：通过中队、年级、校级的24点擂主层层选拔，培养队员的竞争意识、合作意识，体验快乐，体验成长。
十二月	欢乐英语节	小拍客行动：以雏鹰假日小队、快乐家庭学习苑等形式开展小拍客活动，走出校园，走向社会，以儿童的视角发现世界，认识世界。

四叶草课程：
过勤勉快乐的学习生活

嘉定区叶城小学创建于 2004 年 9 月。地处嘉定中心城区西南边缘，嘉定新城北侧，是嘉定工业区南片的公办小学。占地面积 36 亩，建筑面积 11740 平方米，绿化面积 8965 平方米。

建校十年来，学校本着"以人为本、以勤笃行、以研兴校"的办学理念，以"勤勉好学、精教精研、教有特点"为教师专业发展目标，以"勤勉向上、基础合格、学有特长"为学生培育目标，锐意进取，开拓创新，扎实推进以德育为核心，以培养学生创新精神和实践能力为重点的素质教育，使学校沿着"学有特长、教有特点、校有特色"的办学方向发展。学校先后被评为"全国信息技术应用示范学校"、"上海市爱国卫生先进集体"、"上海市安全文明校园"、"上海市无烟单位"、"上海市花园单位"、"上海市书法实验学校"、"上海市红旗大队"、"上海市野生动物保护科普特色学校"、"嘉定区文明单位"、"嘉定区科技特色学校"、"嘉定区绿色学校"、"嘉定区科技创新实验校"、"嘉定区科技特色品牌阵地"、"嘉定区科技创新项目示范学校"、嘉定区首批"青少年民族文化优秀传承项目"、"嘉定区语言文字规范化示范校"、"嘉定区行为规范示范校"、"嘉定区未成年人思想道德建设工作示范校"、"嘉定区红十字达标学校"、"嘉定区未成年人思想道德建设测评合格校"、"嘉定区档案管理先进单位"、"嘉定区篮球布点学校"、"嘉定区陶艺布点学校"、"嘉定区科技项目布点学校"、"嘉定区气象科普基地学校"等称号。

第一部分　学校课程哲学

一、学校教育哲学：勤勉教育

近年来,学校以区级重点课题《小学"勤"文化培育的行动研究》为抓手,扎扎实实地推进学校"勤"文化建设,倡导"勤勉教育"这一学校教育哲学。

学校所要培育的"勤"文化是一种以"勤"为特质的校园精神文化,"勤勉向上"是学校师生的核心价值追求,也是师生的行为与形象特质,还是教师师德和学生人格的校本培育目标,而"勤学,汲取知识的营养;勤练,编织个性的梦想;勤思,绽放智慧的火花;勤研,打造创新的乐园;勤劳,创造美好的生活"是师生共同的行为准则。

学校重视校园环境营造,让校园弥漫文化氛围;重视师德与育德能力培训,让"师勤"带动"生勤";重视"勤"文化制度构建,让教师落实勤勉行动;重视"勤"文化课程编制,让师生接受故事浸润;重视勤勉奖章激励,通过学校、家庭、社区三位一体资源整合,促进学生勤勉人格的形成与发展。

我们的教育信条是:

1. 勤是一种美德,植根于有志者的心灵里。

2. 勤是一种经历,落实在学习者的行动上。

3. 勤是一种态度,流淌在耕耘者的血液中。

4. 勤是一种品格,升华在探索者的躯体间。

5. 勤是一种精神,凝聚在成功者的灵魂内。

"勤勉向上"教职工的特质是:

1. 勤劳勤勉,用爱心与奉献诠释生命的意义。

2. 勤学勤练,用目标与执着提升生命的内涵。

3. 勤思勤研,用智慧与行动编织生命的梦想。

"勤勉向上"好少年的特质是:

1. 牛品——勤学善思、积极向上,有明确的目标。

2. 牛性——勤劳纯朴、任劳任怨,有阳光的心态。

3. 牛劲——勤练不懈、勇往直前,有顽强的毅力。

4. 牛气——厚积薄发、主动发展,有成功的体验。

二、学校课程理念:过勤勉快乐的学习生活

上海市基础教育工作会议提出了"让每个孩子都健康快乐成长"的发展愿景。学校的课程实施不仅应当满足学生学科知识的学习需求,还应当最大限度地提供学生"品德形成和人格健全、潜能开发和认知发展、艺术修养和体育健身、社会实践和动手操作"等多方面的经历。结合我校勤勉教育办学理念,我们提出了"过勤勉快乐的学习生活"的课程理念。

——课程即生活。杜威认为:"课程最大流弊是与儿童生活不相沟通,学科科目相互联系的中心点不是科学,而是儿童本身的社会活动。"课程来自于生活,通过课程的开发与实施,把生活的元素转化为课程的内容,让学生在课程学习的过程中了解生活,让课程成为学生的一种经历。

——课程即情绪。每一位学生都是独立的个体,都有自己的个性和特长,都有自己的兴趣与需求、苦恼与失落。我们的课程必须解放孩子的个性和特长,保护孩子纯真的童心和多样的个性,帮助他们发掘自身的优势潜能,并得以扩大和提升,使其个性特长得以充分鲜明地发展。课程的重要性就在于帮助学生,满足学生的体验需求。

——课程即态度。从学生自身的需要来看,学生在成长的过程中不仅有增长知识、提高能力的需要,而且也有发展情感、意志、态度、价值观的需要。归根到底,可以视为态度的彰显。适切的课程为学生正确态度的形成可以起到很好的促进作用。对于学生而言,学习,不仅

仅是知识,更是直抵心灵世界的某种精神,是为了实现这种精神的态度。

——课程即品格。作为课程,不仅仅让学生掌握相关知识,更重要的是在学生积极体验和充分感悟的过程中,丰富学生的内心世界,使学生具有严谨的科学态度、正确的科学观和良好意志品质,同时还能激发学生关心社会生活的兴趣,关心人类的生存与发展,形成健康进取的生活态度以及对他人、对社会的责任感,进而培育学生形成良好的品格。

三、课程模式:四叶草课程

学校为了实施"勤文化"品牌培育,倡导师生的"勤勉精神",落实"勤勉教育"这一教育哲学,学校将课程模式确定为"四叶草课程"。根据四叶草的叶型与花语寓意,将学校实施的课程分为"特"课程、"趣"课程、"梦"课程、"炫"课程这四类课程,旨在通过这些课程的实施,让每一个叶小的学生具有勤勉的品质、健康的体魄、自信的心态、幸福的人生。

第二部分　学校课程目标

一、培养目标

学校重视学生勤勉人格培育,引导学生面对现实,面向未来,自强不息,形成积极向上的人生态度,夯实学生德、智、体、美、劳等多元的知识技能基础,激发学生学习兴趣,引导学生创新实践,发展学生个性特长。因此,我们的培养目标是:勤勉向上、基础合格、学有特长。

——勤勉向上:勤奋踏实,一丝不苟,积极向上。

——基础合格：勤学苦练，夯实基础，保障合格。

——学有特长：勤思善问，发展兴趣，培育特长。

二、课程目标

培养目标是通过课程目标去达成的，为了实现培养目标，我们把"勤勉向上、基础合格、学有特长"这三个培养目标进行细化，形成低、中、高的课程，具体如下表：

级段 目标	低年级	中年级	高年级
勤勉向上	养成良好的学习习惯和行为习惯，学会自己的事情自己做。团结友爱同学，尊敬老师家长，热爱班级集体。	懂得基本的做人道理、必要的处事能力。遵守校纪校规，懂得关爱他人。养成对自己、对班级的责任感，形成爱学校的情感。	拥有强烈的社会责任感，具有诚实、守信的品格，培养言行一致的风格。具有爱家乡、爱社会、爱国家的情感。
基础合格	热爱学习，掌握低年级课程标准规定的要求。基本养成听、说、读、写的良好习惯。对日常常见现象提出问题，并能尝试去探究问题的答案。	热爱学习，形成浓厚的学习兴趣，掌握中年级课程标准规定的要求。能注重联系实际，初步会将所学的知识与技能运用于生活。能对自然现象提出问题，并能尝试独立探究问题的答案。	热爱学习，保持浓厚的学习兴趣，掌握高年级课程标准规定的要求。能熟练地将所学运用于实践。学习积极主动，能独立思考，能表达自己的感受、观点，有独特见解。
学有特长	养成在学校、家庭、社会生活中动脑筋、想问题的习惯，遇到有兴趣但不太懂的事情，去问教师、问家长，会动手查资料、找答案。对1—2项技能产生兴趣。	能大胆提出问题，且提出的问题有一定深度，并会探究所提出的问题，尝试去自己解答问题，有与他人不一样的解决问题的方法。基本掌握1—2项技能。	学习从不同的角度去思考问题，尽可能多地寻找解决问题的方法。能熟练地将所学运用于实践。熟练掌握1—2项技能，并使其成为自己的特长项目。

第三部分　学校课程体系

一、学校课程结构

"梦"课程
——实践体验课程

"特"课程
——学科特色课程

"炫"课程
——专题聚焦课程

"趣"课程
——兴趣爱好课程

"四叶草"

二、学校课程设置

课程分类	课程内容	主要课程	
"特"课程	学科特色	语文	古今中外的勤勉故事
			诵经典诗文,写规范汉字
			品三国,学成语
		数学	思维训练
		英语	快乐 ABC
		音乐	歌唱素养培养
		体育	快乐篮球
		美术、劳技	陶陶乐
		自然	二十四节气与我同行
		品社	心理健康
"趣"课程	兴趣爱好	每周三下午走班的选择性课程	
		学校社团	

课程分类	课程内容	主要课程
"梦"课程	实践体验	真爱梦想课程
		"1+1+1"社会实践活动
		勤勉争章活动
		童心节系列活动课程
"炫"课程	专题聚焦	中华传统节日教育统整课程
		安全教育系列课程

根据上表,对特色课程按照分类进行设置,构建了如下的"四叶草"课程具体框架表:

课程分类	课程名称	课程目标
"特"课程	古今中外的勤勉故事	1. 通过基础性课程的学习与课程的延伸拓展,增进学科知识与生活的联系,增强知识的趣味性。 2. 特色课程界定为资源拓展为主的整合课程方向,以增强学生的学习兴趣,改进学生的思维品质,提升学生的动手实践能力。 3. 通过个性化课程的设计,让学生从广吸博取中积累,从积累中逐步充实精神世界,加深对学科知识的理解,提升对社会的认识,进而健全人格。
	诵经典诗文,写规范汉字	
	品三国,学成语	
	思维训练	
	快乐 ABC	
	歌唱素养培养	
	快乐篮球	
	陶陶乐	
	二十四节气与我同行	
	心理健康	
"趣"课程	趣味剪纸	1. 基于学生的兴趣和直接经验,为学生创设更多选择的机会和权利,培养爱好。 2. 尊重学生的教育主体地位,坚持学生的自主选择和主动参与,发展个性,形成特长。 3. 让学生走出教室、走出校园,走进社会、接近自然,在自然中探索知识,发现奥秘,构建梦想。 4. 在活动中丰富情感体验,培养责任意识,初步形成团结协作的精神和健康审美的情趣。
	快乐豆贴	
	橡皮泥贴画	
	创意手工	
	书法	
	新叶文学社	
	电脑与生活	
	纸的魅力	

嵌入式课程：特色课程的路径和方略

课程分类	课程名称	课程目标
	布谷鸟合唱团	5. 初步形成良好的个性品质,促进个性全面健康的发展。
	童心戏剧社	
	金孔雀舞蹈社	
	琴韵古筝社	
	鼓号队	
	炫彩超轻土	
	书法与墨画	
	风采田径	
	魅力足球	
"梦"课程	不一样的童话不一样的梦想	1. 培养对自我以及所处环境的认知,克服惧生心理,提高社会适应能力与生存能力。 2. 开拓视野与想象,认识到生命与世界的多元性。 3. 参与社会调查、参观等活动,在实践活动中,培养和提高学生的问题意识、创新意识、合作意识和观察能力、动手操作能力、与人交往与合作能力及创新等多方面的能力。 4. 让学生人人有快乐的追求、天天有奋进的目标、时时有攀登的行动、处处有成功的喜悦。
	我和你	
	身边的大自然	
	全人教育	
	我是谁	
	多元实用才能	
	远方的城市	
	家乡特产	
	梦想剧场	
	去远方	
	"1+1+1"社会实践活动	
	勤勉争章活动	
	童心节系列活动课程	
"炫"课程	中华传统节日教育统整课程	1. 以中华传统节日为载体,充分挖掘相关教育元素,结合学校课程开发实际与学生实际,与艺术教育、科技教育等有机结合,培养学生的民族文化精神,培育和践行社会主义核心价值观。 2. 通过丰富多彩的活动,促进学生的问题意识、创新意识、合作意识和观察能力、动手操作能力、与人交往与合作能力及创新等多方面的能力的发展和提高。
	安全教育系列课程	3. 通过学习,了解消防、交通、食品等安全知识,掌握基本的安全防护技能,提高学生的安全意识。

第四部分　学校课程实施

学校课程的实施与管理要体现校本化,要依据本校学生、教师实际实施课程,提升学生全面素养,促进教师专业发展,彰显学校办学特色。

一、"特"课程的实施

1. 重视基础学科,打造勤勉课堂

我校重视语文、数学、英语、技艺类等基础型课程的建设,努力打造具有校本特色的勤勉课堂。勤勉课堂必须是:

1) 勤勉课堂是"有准备"的课堂

"有准备"包括教师和学生两方面。教师方面:教师课前要认真钻研教材,制定切实可行的教学目标;了解学生的学情,包括学生原有的知识基础与生活经验;预设学生学习新知可能会产生的困难,然后设计符合学生认知规律的学习活动;针对教学目标中的重点难点,设计有针对性的练习。学生方面:学生在教师的指导下课前有准备地进行预习,为新课的学习奠定基础。

2) 勤勉课堂是"有习惯"的课堂

学习习惯是在学习活动中形成的比较稳定的行为方式。勤勉课堂是学生学习的主阵地,学生的很多学习习惯都来自于课堂上教师的要求,教师只有加强对学生课堂学习习惯的培养,才能为学生提供可持续发展学习的空间,适应时代发展的需求。学生良好的课堂学习习惯主要包括认真倾听的习惯、主动参与的习惯、认真审题的习惯和认真作业的习惯等。

3) 勤勉课堂是"有灵动"的课堂

勤勉课堂教学是一个动态变化、不断发展的过程,也是师生、生生之间互动交流的过程。课堂教学不仅需要关注预设,更要关注生成。勤勉课堂应该是有生成的课堂。在生生交流、师生交流中不时有灵动

的火花迸发,学生有一定的质疑问难的能力,这个过程既有资源的生成,又有过程状态的生成,教师要有一定的应变能力,沉着应对,不断调整教学策略,巧妙利用生成的资源。这样,课堂教学才真正实现"以学生为本",才会更加有效,才能焕发出生命的活力。

4) 勤勉课堂是"有收获"的课堂

有收获的勤勉课堂首先是高效率的课堂。在充实的教学内容中,在富有层次的有针对性的练习设计中,在教师的引导下学生通过主动学习,收获的不仅是知识,更有能力的提升。通过课堂学习,学生至少要扎扎实实学到东西,在习得基本知识的基础上形成一定的基本技能,学会一定的思想方法,发展自我良好的、积极的情感体验,产生进一步学习的求知欲。

2. 重视学科延伸,打造整合课程

校本化的特色是国家规定的课程内容的延伸与拓展,除了保证国家课程的高效,同时要为特色课程提供时间保证。这需要整合的思维,学科间整合是根据学生学习的需要,打破泾渭分明的学科间的界限,以统一的主题、问题、概念、基本学习内容连接不同学科。我们学校基于学校特色课程改革实践,探索了课程整合的途径。

1) 语言吟诵类：语文与音乐类整合课程

实施年级	小课程	课程目标	活动设计
一上	《诵经典诗文 写规范汉字》——思乡类诗文诵读	1. 了解中国人对家乡的思念之情 2. 了解《弟子规》	1.《静夜思》(李白)吟唱 2. 同类诗文诵读书写 3.《弟子规》阅读
一下	《诵经典诗文 写规范汉字》——节日类诗文诵读	1. 了解中国人的传统节日 2. 熟读《弟子规》	1.《元日》(王安石)吟唱 2. 同类诗文诵读书写 3.《弟子规》背诵
二上	《诵经典诗文 写规范汉字》——爱国类诗文诵读	1. 了解中国人的爱国主义情怀 2. 理解《弟子规》	1.《出塞》(王昌龄)吟唱 2. 同类诗文诵读书写 3.《弟子规》分析和交流
二下	《诵经典诗文 写规范汉字》——咏志类诗文诵读	1. 了解中国人的咏物言志诗 2. 了解中国人恬淡与旷达的人生品味	1.《梅花》(王安石)吟唱 2.《饮酒》(陶渊明)吟唱 3. 同类诗文诵读书写

实施年级	小课程	课程目标	活动设计
三上	《诵经典诗文　写规范汉字》——伦理类诗文诵读	1. 了解中国人的伦理和亲情 2. 了解中国人对生活的热爱	1.《游子吟》（孟郊）吟唱 2.《黄鹤楼》（崔颢）吟唱 3. 同类诗文诵读书写
三下	《诵经典诗文　写规范汉字》——立志类诗文诵读	1. 了解中国人的明理意趣 2. 了解中国人的励志诗篇	1.《登鹳雀楼》（王之涣）吟唱 2.《明日歌》（钱鹤滩）吟唱 3. 同类诗文诵读书写
四上	《诵经典诗文　写规范汉字》——情景类诗文诵读	1. 了解中国人对祖国名胜的赞美之情 2. 了解中国第一部诗歌总集	1.《饮湖上初晴后雨》（苏轼）吟唱 2.《国风·周南·关雎》吟唱 3. 同类诗文诵读书写
四下	《诵经典诗文　写规范汉字》——品格类诗文诵读	1. 了解中国人崇尚的生命品格 2. 了解中国人对劳动人民的感情	1.《草》（白居易）吟唱 2.《悯农》（李绅）吟唱 3. 同类诗文诵读书写
五上	《诵经典诗文　写规范汉字》——情感类诗文诵读	1. 了解中国人的感情观念 2. 了解中国人对待真挚友情的情怀	1.《相思》（王维）吟唱 2.《渭城曲》（王维）吟唱 3. 同类诗文诵读书写
五下	《诵经典诗文　写规范汉字》——二十四节气类诗文诵读	1. 了解中国人的自然科学观 2. 了解和二十四节气相关的诗文	1.《春晓》（孟浩然）吟唱 2. 同类诗文诵读书写 3. 二十四节气类诗文诵读
四上	古今中外的勤勉故事	1. 让学生阅读数十位中外名人的"勤勉"小故事 2. 与语文拓展型课程相整合，配以适当的语文小练习	1. 学习古今勤勉故事，并作相关的拓展练习 2. 进行勤勉故事摘记活动 3. 撰写读后感并交流
四下	古今中外的勤勉故事	1. 引导学生摘记并诵读古今中外有关"勤"的名人名言、谚语 2. 引导学生在阅读的同时进行理性的思考，在思考中将学校的"勤"文	1. 学习古今勤勉故事，并作相关的拓展练习 2. 进行勤勉故事摘记活动 3. 撰写读后感并交流

实施年级	小课程	课程目标	活动设计
		化内化,并通过读后感的形式将自己的感悟外显	
五上	品三国,学成语	让学生通过品三国系列活动开展成语学习,增加课外知识,提高自己的语文素养	1. 通过视频展示经典中国的历史,知道著名的历史人物,感受历史的发展 2. 读三国小故事,学习、积累故事中出现的成语 3. 在理解的基础上讲故事
五下	品三国,学成语	让学生通过品三国系列活动开展成语学习,增加课外知识,提高自己的语文素养	1. 通过看视频、教师讲解,让学生了解三国时期的历史故事内容和历史人物的个性特点 2. 理解成语的意思,并学会运用这些成语 3. 学生讨论等形式学习成语,并做摘记

2) 思维探究类：数学与信息类整合课程

实施年级	课程内容	课程目标	活动设计
一上	数学儿歌	通过学唱数学儿歌,激发学生学习数学的兴趣	1. 观看数学儿歌视频 2. 学唱数学口诀儿歌 3. 交流表演
一下	数字规律	学会观察数与数之间的规律,培养学生的观察和思维能力	1. 通过课件展示数字间的规律 2. 尝试独立寻找规律 3. 创造一组有规律的数列
二上	快乐"七巧"	了解七巧板的特点,在动手拼搭七巧板的过程中感悟数学学习的乐趣	1. 介绍有趣的七巧板 2. 欣赏七巧板的小作品 3. 创造自己的七巧板作品
二下	趣味"多连块"	认识多连块的特点,在拼搭多连块的过程中感悟创造的乐趣	1. 认识多连块 2. 欣赏多连块的拼搭小作品 3. 创造自己的多连块作品

实施年级	课程内容	课程目标	活动设计
三上	图形探究	认识生活中的基础图形,了解图形的特点,感悟生活中的图形美	1. 说一说各种图形的特点 2. 了解一些特殊的图形 3. 动手创造一些组合图形,用以工艺设计 4. 欣赏生活中的图形美
三下	周期问题探究	让学生使用不同的方法探索周期规律,探索和发现周期性与日常生活的联系	1. 探索数学书本中的周期性问题 2. 探索生活中的周期性问题 3. 设计和周期相关的数学棋盘游戏
四上	数学巧算游戏	通过数学巧算游戏,感受数学学习的乐趣,拓展学生的数学思维	1. 介绍数学巧算游戏规则 2. 小组初赛 3. 终极决赛
四下	巧算"24"点	了解巧算24的方法,进行小组间的竞赛,感受数学的趣味性	1. 介绍巧算24的规则 2. 尝试24 3. 巧算小擂台,比比谁的计算快
五上	计算器的探索、价格的计算	通过计算器等工具尝试计算家庭日用经济,水、电、天然气消费的统计	1. 介绍各种计算器的使用方法 2. 介绍现代化的计算软件 3. 使用计算器和计算软件统计日常生活中的信息
五下	生活中的统计学	通过电脑网络、IPAD等现代化设备,学习数学资源搜索、统计和整理,感受现代化的数字生活	1. 介绍信息搜索引擎 2. 介绍数学搜索关键字、词 3. 资源搜索尝试 4. 交流汇报搜索结果

3) 艺术表演类:英语与劳技类整合课程

实施年级	课程内容	课程目标	活动设计
一上	Happy English songs	学唱一些简单的课内英语儿歌	1. 欣赏英语儿歌 2. 试着跟读 3. 加上节奏或者音乐跟读,或者基础较好的学生可以自编儿歌
一下	Happy English songs	学唱一些简单的课内英语儿歌	1. 欣赏英语儿歌 2. 试着跟读 3. 加上节奏或者音乐跟读,或者基础较好的学生可以自编儿歌

实施年级	课程内容	课程目标	活动设计
二上	Happy English rhymes	学唱一些简单的课外英语儿歌、小诗	1. 听一听动画中的节奏小诗,跟着动画学一学小诗的读音 2. 说一说小诗的语义 3. 组内演一演小诗
二下	Happy English rhymes	学唱一些简单的课外英语儿歌、小诗	1. 听一听动画中的节奏小诗,跟着动画学一学小诗的读音 2. 说一说小诗的语义 3. 组内演一演小诗
三上	Happy English stories	阅读英语报纸小故事	1. 学生收集英语小报上的故事 2. 说一说故事的意思 3. 演一演故事
三下	Happy English stories	阅读英语课外书籍	1. 学生收集英语小报或课外书上的故事 2. 说一说故事的意思 3. 演一演故事
四上	Happy English reading	阅读英语小报与制作	1. 学生阅读课外英语小报 2. 讨论和交流学习的感受、心得 3. 自己独立制作英语阅读小报
四下	Happy English reading	阅读英语卡通与创作	1. 学生观赏或阅读英语卡通动画、文字 2. 讨论和交流学习的感受、心得 3. 自己独立绘画、制作自己的英语卡通小故事
五上	Happy English performance	英语课本剧制作与表演	1. 用所提供的教材和课件、现有课本上的故事内容为教学基础 2. 让学生通过表演、编剧、导演及评论等各种方式,参与整个戏剧创作的环节中 3. 通过表演将所学的内容不断巩固和提高
五下	Happy English performance	英语自编戏剧节目制作与表演	1. 探索肢体、声音和表情,尝试各种表演的可能性 2. 教学生学会初步欣赏英语戏剧,让学生感受英语戏剧,了解英语戏剧 3. 课程结束时,学生能将一个小故事编、演成一部简单的小剧

3. 重视个性发展,落实个性课程

同时我校关注校本课程的开发,侧重于区域环境的独特性和学生个体的差异性,使课程既能适应社会的需求,又能满足学生的需要,从

而更有效地促进学生的发展。

1）体育健身类：快乐篮球系列课程

实施年级	课程内容	课程目标	活动设计
一上	一级："8"字滚球	滚球画满 5 个 "8"	1. 教师示范"8"字滚球 2. 学生学习动作要领 3. 小组开展滚球活动
一下	二级：颈、腰、膝三部围绕	依次三部绕环为一次，5 次达标	1. 教师示范绕球动作 2. 学生学习动作要领 3. 小组开展绕球活动
二上	三级："8"字绕球	20 秒内绕满 12 圈	1. 教师示范绕球动作 2. 学生学习动作要领 3. 分组开展"8"字绕球
二下	四级：花式抛接	依次完成抛接动作 4 次达标	1. 2 人或 3 人原地传球、抛接球 2. 2 人或 3 人行进间传球、抛接球
三上	五级：胯下左右运球	单脚胯下运球 15 次不失误	1. 教师示范胯下左右运球 2. 学生合作交流动作要领 3. 小组开展胯下左右运球活动
三下	六级：胯下"8"字运球	运球连续 10 圈不失误	1. 教师示范胯下 8 字运球 2. 学生合作交流动作要领 3. 小组开展胯下 8 字运球活动
四上	七级：原地 45°投篮	投篮 30% 命中率	1. 个人投篮动作练习 2. 原地 45°投篮 3. 定点投篮
四下	八级：原地 45°投篮	投篮 70% 命中率	1. 个人投篮动作练习 2. 原地 45°投篮 3. 定点投篮
五上	九级：运球上篮	上篮 42 秒达标	1. 运球往返跑 2. 运球急停急起 3. 半场往返的行进间上篮练习
五下	十级：运球上篮	上篮 30 秒达标	1. 运球往返跑 2. 运球急停急起 3. 半场往返的行进间上篮练习

2）工艺塑造类：陶陶乐系列课程

实施年级	课程内容	课程目标	活动设计
一上	"泥土游戏"、"植物世界"、"动物乐园"	引导学生主动参与各种陶艺造型游戏，激发学习兴趣	《游戏泥土》、《认识工具》、《美化我们的小手》、《美丽的花和叶》、《姿态各异的树》、《小树林》、《快乐的小鱼》、《飞翔的小鸟》、《我喜欢的动物》、《可爱的动物配饰》、《热闹的动物园》
一下	"文字游戏"、"城市更漂亮"	引导学生主动参与各种陶艺造型游戏，激发学习兴趣	《数字的联想》、《象形文字》、《认识交通标志》、《给运动员的奖牌》、《未来汽车》、《小小建筑师》、《美丽的小花毯》
二上	"神奇的泥条"、"泥板本领大"	着重于趣味、生活、技术相结合，注重陶艺技法的教学	《装满水果的果盘》、《有趣的猫头鹰》、《漂亮的花瓶》、《送给老师的笔筒》、《妈妈请喝茶》、《泥板鱼》、《树叶花瓶》、《刻画花瓶》
二下	"我的玩具世界"、"多彩的生活"	注重各种技能的组合、设计、创作等	《喜欢的小玩具》、《会抖动的玩具》、《有趣的面具》、《树桩小语》、《快乐家庭》、《农家小屋》、《神秘的城堡》、《我们的汽车城》、《小人国里的故事》
三上	"我爱我家"、"动物世界"	让学生在对陶泥搓、压等玩中享受泥性，感受美好的童年	《我给家人塑个像》、《我的小相框》、《我家挂件小天体》、《我给长辈献杯茶》、《动物小化石》、《海底世界》、《我和小鸟是朋友》、《动物园里故事多》
三下	"绚丽的花与瓶"、"我的小厨房"	让学生在对陶泥刻、贴等玩中享受泥性，感受美好的童年	《壁画装饰的花》、《泥条盘筑的瓶与花》、《泥片组成的花与瓶》、《花开满园》、《小碗变变变》、《泥条绕绕绕》、《泥片贴贴贴》、《锅碗瓢盆交响曲》
四上	"森林诱惑"、"陶俑魅力"	使学生了解泥条、泥片的盘筑、装饰的特点，掌握搓条、盘筑、黏合等制陶的基本技法等	《叶之魅》、《树之魂》、《林之秀》、《森林畅想曲》、《感受汉化陶俑》、《感受秦朝兵马俑》、《民间传说中的人物》、《我给同学塑个像》
四下	"生活时尚"、"古韵缭绕"	使学生了解泥条、泥片的盘筑、装饰的特点，掌握镂空、刻挖、拉胚等制陶的基本技法等	《奇特陶包》、《摩登鞋子》、《陶艺时装》、《创意DIY》、《魅力脸谱》、《神秘图腾》、《古代编钟》、《青铜固鼎》

实施年级	课程内容	课程目标	活动设计
五上	"现代科技"、"圆舞神韵"	通过制作一些现代物品的陶艺制品，感受中华文化的博大精深	《神秘飞船》、《陆战霸主》、《航空母舰》、《未来多功能武器》、《小碗变身》、《花瓶挖刻》、《拉杯小鱼》
五下	"我爱家乡"、"走进大师"	通过欣赏中外各种陶艺作品，了解各大师陶艺作品的特点	《水乡的船》、《城市雕塑》、《哎我家乡》、《走进大上海》、《我的母校》《生活·艺术》、《泥与火的艺术》、《自然之魂》

3）科技创造类：二十四节气与我同行系列课程

实施年级	课程内容	课程目标	活动设计
一上	节气歌	诵读节气歌，了解一年中的二十四个节气名称	1. 通过诵读，了解节气名称 2. 观看图片，初步了解节气气候特点
一下	节气与农谚	诵读与节气有关的农业谚语	1. 诵读农业谚语，初步了解节气与农业的关系 2. 知晓各个节气的大概时间段
二上	节气与生活	学习和了解节气与日常生活的关系	1. 通过视频让学生了解节气的大致内容与生活的关联 2. 开展二十四节气棋类游戏活动
二下	节气与生活	学习和掌握气象观测的能力	1. 学习气象观测的基本方法 2. 借助学校气象科普站开展气象观测活动 3. 记录天气，开展调查
三上	节气与节日	了解二十四节气与上半年传统节日的关系	1. 通过科普活动、游戏，欣赏各个节气的特有风景风俗 2. 了解、背诵传统节气古诗词，寓教于乐
三下	节气与节日	了解二十四节气与下半年传统节日的关系	1. 通过科普活动、游戏，欣赏各个节气的特有风景风俗 2. 了解、背诵传统节气古诗词，寓教于乐
四上	节气与植物	学习和实践拍摄节气中植物的方法	1. 学生自主摄影拍摄节气植物活动 2. 在课堂中分享和交流 3. 设计自己的节气植物相册集
四下	节气与风景	学习和实践拍摄节气中风景的方法	1. 学生自主摄影拍摄节气风景活动 2. 在课堂中分享和交流 3. 设计自己的节气风景相册集

实施年级	课程内容	课程目标	活动设计
五上	二十四节气自然笔记	调查和记录学校节气苑中的植物成长记录	1. 开展校本自然笔记观察记录活动 2. 让学生们观测校园中、探究苑里的植物 3. 对一棵植物的某个部位、对整株植物的生长变化进行观测记录活动
五下	二十四节气自然笔记	调查和记录学校节气苑中的植物成长记录	1. 开展校园种植计划，各班学生承包责任田进行种植 2. 通过观测了解农作物的成长规律，对各个节气中农作物品种的现状进行调查 3. 探究各个节气适宜种植的农作物

4）身心健康类：心理系列课程

实施年级	课程内容	课程目标	活动设计
三年级	学会生活	让学生对各门学科产生兴趣，热爱学习	《我是谁》 《我能行》
		培养学生养成收拾东西，摆放好书桌的好习惯	《小"我"和大"我"》 《观察身边的事物》
		培养学生团结友爱，帮助别人的良好品格	《你快乐，所以我快乐》 《感谢你，感谢他》
	学会学习	教育学生遇到困难不要怕，想方设法克服困难	《考试焦虑怎么办》 《失败是个好老师》
		教育学生为他人着想，懂得关心他人	《感谢你，感谢他》 《原谅别人》
		教育学生专心做作业，作业做得快又好	《课外学习与课业》 《学习好习惯》
	学会做人	让学生知道自己的进步与不足，努力克服缺点，养成良好的行为习惯	《说说你的心里话》 《你行我行大家行》
		从小培养学生良好的心理素质，培养学生遇到不愉快的事，学习冷静思考	《放飞烦恼》 《我的喜怒哀乐》
	学会发展	巩固学生各方面常识的理解，让学生可以进行自我检测	《竞选小小明星》 《我是小小志愿者》
		开发学生的心理潜能，塑造学生的健康人格，提高中华民族的整体素质，提高未来人才的质量	

二、"趣"课程的实施

1. 选择性课程

实施年级	课程名称	课程目标	实施时间
二	趣味剪纸	1. 欣赏剪纸作品,了解剪纸的特点。 2. 初步学会剪纸的创作方法,运用剪纸的基本技法,创作剪纸作品。 3. 感受剪纸艺术特有的线条美、形象美,培养审美情趣。	
二	快乐豆贴	1. 在欣赏中了解豆贴的工具、材料,感受豆贴画的美。 2. 初步掌握制作豆贴画的基本方法和技能。 3. 通过创作豆贴画,培养合作精神,发现生活中的美,体验贴画的乐趣。	
三	橡皮泥贴画	1. 欣赏橡皮泥贴画,感受橡皮泥的变化之美。 2. 掌握技法(搓、捏、堆、贴、刻),学会根据颜色确立主题,堆贴出自己喜爱的作品。 3. 培养动手能力和创造能力,学会欣赏美、创造美。	
三	电脑与生活	1. 学会 Word、PowerPoint、上网浏览的基本操作。 2. 学会根据主题制定计划,在动手操作中完成计划,在评价中完善计划。 3. 培养动手能力与美感。	周三下午第三节课
四	书法	1. 掌握楷书中的一些基本笔画的运笔过程及书写技巧。 2. 学会在水写布上正确描摹基本笔画;能评价作品的优点和缺点。 3. 培养学生正确的坐姿、执笔姿势,初步感受书法的艺术美。	
五	新叶文学社	1. 能写简单的纪实作文、想象作文,内容具体,感情真实。 2. 学写读书笔记和常见应用文。 3. 修改自己的习作,并主动与他人交换修改,做到语句通顺,行款正确,书写规范、整洁。 4. 积累生活中素材,懂得写作是为了自我表达和与人交流。使学生善于抒发自己的真情实感,充分张扬自己的个性,展示自己独到的思维。	
五	纸的魅力	1. 认识常用的纸工工具并会使用。 2. 了解纸工制作的符号并掌握一些纸工的基本技法,学会制作纸工时的安全防护。 3. 学会欣赏作品,培养环保意识。	

2. 校级社团

实施年级	课程名称	课程目标	实施时间
一	金孔雀舞蹈社	1. 加强基本功训练，完成压腿、踢腿、下叉、下腰等动作，学会形体、姿态、腿线条、腰腿的软度、力度的控制。 2. 通过组合练习，掌握、熟悉、提高表演的技巧和方法，能完成舞蹈的表演。 3. 在学习过程中发现美、感悟美，初步领会舞蹈艺术的精髓所在。	1. 周三下午第三节课 2. 周五下午3：30—4：30
一、二	魅力足球	1. 初步了解足球知识与文化，掌握基本的足球技能，提高学生身体素质。 2. 了解足球运动的比赛规则，能代表学校参加区级以上足球对抗比赛。 3. 感受足球魅力，体会"快乐、好玩、乐学、苦练"的足球文化，领悟体育精神，培养团结协作能力和顽强的意志品质。	1. 周三下午第三节课 2. 每天下午3：30—4：30
二、三	童心戏剧社	1. 掌握基本的台词表演，参与合作表演简单的儿童剧，有自信心，敢于表现。 2. 通过学习演唱、形体、朗诵、对话、模仿动物，了解表演基础的特点，在训练中拓展思维，增强协作能力，克服社交羞涩感。 3. 在戏剧（儿童剧）学习中体验学习表演的乐趣，培养兴趣，提高想象力、创造力、观察力、表现力和语言表达能力，提高自信心。	1. 周三下午第三节课 2. 周二、周四上午7：45—8：30 3. 周五下午3：30—4：30
二、三	炫彩超轻土	1. 学习团、捏、搓、盘等陶艺基本技能，培养学生的动手能力。 2. 通过陶艺社团的学习，培养学生相互间的合作精神。 3. 综合各种方法进行有创意的作品造型创作，激发学生的创作欲望，提高学生的学习兴趣。	1. 周三下午第三节课 2. 周五下午3：30—4：30
三	创意手工	1. 了解各类模型的动力来源与原理。 2. 掌握常用手工工具的使用方法，以理论指导实践操作，制作作品。 3. 培养独立思考、创新进取的科学素养。	1. 周三下午第三节课 2. 周五下午3：30—4：30
三、四	鼓号队	1. 分组学习鼓、号的基本演奏法，能顺利完成鼓、号的打击与吹奏。 2. 学习的曲目为《间奏曲》《检阅曲》《出旗曲》《退旗曲》《欢迎曲》。 3. 在训练中磨练意志，培养音乐素质，增强集体主义荣誉感。	周三下午第三节课

实施年级	课程名称	课程目标	实施时间
四、五	布谷鸟合唱团	1. 在合唱训练中了解各种音乐知识，提高音乐素养。 2. 鼓励学生用科学的发声方法、正确的歌唱姿势、准确的音高节奏、合理的气息情感等进行歌唱，掌握一定的合唱技巧。 3. 在合唱训练与表演活动中养成良好习惯，体验相互合作的快乐。	1. 周三下午第三节课 2. 周二、周四上午7：45—8：30 3. 周五下午3：30—4：30
四、五	书法与墨画	1. 初步了解中国书法博大精深的传统文化，对书法艺术有浓厚的兴趣。 2. 了解书法的基本知识，能掌握正确的运笔、书写姿势等基本技能。 3. 养成每日练习习惯，积极参加各类书法竞赛与展示活动，并争取获奖。	1. 周三下午第三节课 2. 周五下午3：30—4：30
三至五	琴韵古筝社	1. 通过古筝演奏接触与学习音乐知识。 2. 通过古筝演奏得到相关手部机能的初步有序的训练，掌握一定的演奏技巧。 3. 通过演奏一些耳熟能详的古筝名曲来陶冶情操，感受中国传统文化。	周一—周五上午7：30—8：30
四、五	风采田径	1. 学习并掌握一项田径技能，提高学生身体素质，成为代表学校参加区级以上田径比赛的主力队员。 2. 初步掌握跳绳等体育技能，在各类体育运动中培养团队协作能力和顽强的意志品质，养成健康锻炼的好习惯。	1. 周三下午第三节课 2. 周一—周四上午7：30—8：30 3. 周五下午3：30—4：30

三、"梦"课程的实施

1. "真爱梦想"课程

实施年级	课程名称	课程目标	实施时间
二	不一样的童话不一样的梦想	1. 改变对狼和小鸡的符号化认识，养成多角度观察事物，了解事物的意识，初步掌握辩论的规则与方法。 2. 初步掌握改编、续编故事的能力。 3. 基本掌握绘本改编成剧本的方法并进行排演。	周三下午第三节课

嵌入式课程：特色课程的路径和方略

实施年级	课程名称	课程目标	实施时间
二	我和你	1. 掌握绘本阅读的方法，并能基于对绘本故事内容的理解，开展相关活动。 2. 掌握信件书写的技能，并通过笔友活动结识更多的朋友和其他地区的风土人情，开阔视野。 3. 通过绘本故事学习，掌握与陌生人、父母的交流技巧，培养感情。	
二	身边的大自然	1. 体会与感受大自然的神奇与魅力，产生了解与探究的兴趣。 2. 养成观察大自然的习惯和基本技能。 3. 形成热爱大自然、保护大自然，与大自然和平共处的意识。	
三	全人教育	1. 通过生活伦理的体验学习，提升生活适应能力，感受生活的快乐。 2. 通过体验拓展的体验学习，实现自我突破和培养团队合作的精神。 3. 通过体育文化的体验学习，培养体育精神。 4. 通过艺术体验的体验学习，提升艺术欣赏能力，培养创意。	
三	我是谁	1. 学会从不同角度认识自己，了解自我的独特性，敢于用多种形式展现自己。 2. 感知自我与他人的关系，学会合作，加深对亲情、友情和集体的理解。 3. 介绍各自的成长足迹，加深对自我和他人的理解，学会自我激励，克服恐惧，自信地展望未来。	
三	多元实用才能	1. 培养遇挫不折的能力，学会运用情绪智能面对挫折。 2. 培养积极思考的能力，学会积极乐观和自尊自信。 3. 培养解决问题的能力，学会勇往直前和运用创新思维。 4. 培养身体力行的能力，学会施行计划和培养习惯。	
四	远方的城市	1. 了解城市的核心要素——人、楼房、街道之间的内在联系。 2. 学会使用几种主要的地图和网络工具，查找指定的城市和地点，了解陌生城市的塔顶使用信息。 3. 提高创新性的多视角思维能力，降低对陌生城市的恐惧感。	

实施年级	课程名称	课程目标	实施时间
四	家乡特产	1. 从身边熟悉的事物出发,用全新的角度辨识、理解、分析家乡、特产的广义概念和实践意义。 2. 通过对家乡、特产的了解,探究外部世界和事物发展的无限可能。	
五	梦想剧场	1. 激发想象力、创造力,培养自信,敢于在舞台上展现自己。 2. 学会并运用表情、肢体及语言来表现自己或模仿他人。 3. 学会初步欣赏戏剧,感受戏剧,了解戏剧。	
五	去远方	1. 了解旅行计划各方面内容,习得初步制定旅行计划的技能。 2. 在制定计划的过程中,探索、了解陌生事物的方式,注意事物之间的关联性。 3. 在制定旅行计划的过程中,对远方的人和事物产生好奇心,了解远方,从制定一份尽可能完善的旅行计划开始。	

2. "1＋1＋1"社会实践活动

1) 一个大活动——以年级为单位,结合教育局确定的社会实践场所,设计主题教育活动,进行实践活动。

实施年级	课程名称	课程目标
一上	上海大观园实践体验	1. 了解大观园的相关建筑。 2. 体验以中国古典文学名著《红楼梦》作者曹雪芹的笔意,用传统园林艺术手法建造的仿古建筑群。 3. 简单了解建筑的特点。
一下	上海海洋水族馆实践体验	1. 了解不同区域和地区海洋生物的生活习性及特点。 2. 深刻领会保护海洋生物的重要意义。 3. 寻找一个最喜欢的生物,仔细了解它的特点、生活习性等。
二上	上海辰山植物园实践体验	1. 了解不同植物的生长环境要求和特点。 2. 了解植物对人类环境的作用。
二下	上海野生动物园实践体验	1. 引导学生观察动物喜欢干什么?它们的特征是什么? 2. 引导学生亲近动物,与动物做朋友。

实施年级	课程名称	课程目标
三上	上海月湖公园实践体验	1. 感受月湖雕塑的"生命"气息，懂得"水是生命之源"。 2. 培养学生互帮互助、文明谦让、自觉遵守社会公德等良好的行为礼仪。
三下	上海世纪公园实践体验	1. 观察公园内的植物，发现它们的特征是什么？ 2. 爱护绿化，从我做起。
四上	上海滨海森林公园实践体验	1. 了解恐龙的秘密。 2. 仔细观察，探索大自然的变化。
四下	上海科技馆实践体验	1. 学生了解生物的多样性，了解保护自然环境的重要性。 2. 培养学生不断探索、发现科学秘密的精神。
五上	上海禁毒馆实践体验	1. 了解毒品的种类。 2. 了解毒品的危害性。 3. 远离毒品，珍爱生命。
五下	上海东方绿舟实践体验	1. 认识并了解古今中外科学家的事迹及成就。 2. 认识各种军事武器，认识国际形势，增强国防意识。 3. 通过各类竞技类游戏，培养学生团结协作、勇于克服困难的精神。

2) 一个小活动——以班级为单位整合品社课，立足校内资源和学校周边资源，以探究为主要形式开展的实践活动。

实施年级	小课程	课程目标
一上	校园寻宝——认识学校专用教室	1. 在游戏活动中，让刚踏进校门的小学生尽快熟悉学校各处，激发他们热爱学校的感情。 2. 采用小队合作，小辅导员帮助的形式，初步培养学生团队合作意识。 3. 结合安全、礼仪等各方面的教育，帮助学生适应小学生活，逐渐成为一名合格的小学生。
一下	我居住的小区——小区绘画赛	1. 认识社区环境、社区设施。 2. 告诉学生爱护社区的设施、环境，激发学生对社区的热爱。
二上	食物从哪里来——参观养乐多工厂	1. 通过养乐多(中国)上海有限公司的参观，让学生对养乐多的制作过程、主要原料、营养成分、保存方法有一定的了解。 2. 引导学生经常饮用养乐多，有效增加人体肠道中益生菌的数量，维持肠道生态平衡，提高免疫力，营造健康生活。

实施年级	小课程	课程目标
二下	找找校园里的绿——认识校园植物	1. 认识校园里的一些花、草、树木,培养学生收集资料的能力。 2. 为学校保持优美的绿化环境写护绿标语,增强学生"爱我学校,美我学校"的主人翁意识。
三上	今天我当家——学会购物	1. 通过让学生独立设计菜谱,独立购买,学习合理消费,培养他们的社会实践能力和自立能力。 2. 通过角色替换,让学生体验"当家"的感觉,提高他们的生活技能,懂得以实际行动报答父母。 3. 通过活动,锻炼学生的理财能力,培养学生合理消费,节约用钱,养成勤俭的好习惯。 4. 结合语文作文教学,教师对学生活动中的"当家日记"给予指导,以此激发学生写作兴趣,提高学生写作能力。
三下	红色营房探秘——参观消防中队	1. 了解消防工作的内容和特点,以及消防队为了快速灭火救援,在消防装备的配置、营房的构造、援救技能的训练等方面所作的努力。 2. 体会消防官兵不怕吃苦、不怕牺牲的奉献精神,对他们产生敬意。
四上	城市的记忆——参观嘉定孔庙	1. 走近孔子,亲近孔子,感受中华文化的光辉灿烂。 2. 激发学生自觉传承和宏扬中华传统文化的思想感情。
四下	重阳敬老——敬老院志愿者服务	1. 开展敬老爱老活动,制定切实可行的行动计划,并在日常生活中加以总结实施。 2. 从实践活动中学会感恩,并运用到自己的生活中去,从而理解"孝"的含义。 3. 了解重阳节的来历和庆祝方式,感受重阳节蕴含的文化价值。
五上	家乡的桥——探究嘉定古桥	1. 让学生了解桥主要部件的学名和俗称,了解各部件的功能。 2. 引导学生去实地观察一座嘉定的古桥,认识该桥的外观状况,并作记录。 3. 培养学生热爱家乡的情感。
五下	科学技术改变世界——参观安亭汽车博物馆	1. 初步了解汽车的结构、驾驶安全及设计技术的相关知识。(http://car.autohome.com.cn/price/brand-12.html) 2. 感受科技发展带给人们生活的便捷,感受汽车文化魅力,感受家乡的发展。 3. 培养学生家乡文化的认同感和乡土归属感,从而热爱自己的家乡。

3) 一个特色活动——与学校校本教材《二十四节气》整合开展实践活动,根据教材内容分成五个板块,每个年级学习一个版块的内容,

并根据内容结合实践开展实践探究。

实施年级	小课程	课程目标
一	寻找四季	在校园寻绿活动中感受四个季节。通过学习季节类节气，了解一年四个季节的定位。
二	认识风向标识	学习物候类节气，通过观察来探究在天气与气候的影响下，动、植物所发生的候应现象。
三	气象局	学习气温类和水汽类节气，通过气象局的观察活动，了解气温的变化，探究因气温的变化而发生的一些状况。
四	水文站	学习降水类节气，结合水文站的探究活动，探究在不同时期降水时水质、水位等的变化。
五	天文馆	学习天文类节气，在了解初步知识后，结合天文馆的参观活动，探究昼夜长短变化。

3. 勤勉争章活动

"勤学章"争章活动

年级		语文	数学	英语
基础目标		1. 课前准备充分，主动学习态度好。 2. 上课认真听讲，勤于思考发言好。 3. 作业按时完成，书写工整质量好。		
各年级学科超标加星分目标	一	1. 每天坚持阅读课外书籍、报刊10分钟。 2. 能向父母简单介绍自己所看文章。	1. 百以内加减法口算又快又准确。 2. 能开动脑筋解答拓展题。	1. 认读并拼读单词，能认读课本四会单词，并熟练背诵。 2. 能朗读课文内容，理解句子含义，并熟练背诵课文句子。
	二	1. 每天坚持阅读课外书籍、报刊10分钟，能主动摘录好词。 2. 能在班中向同学推荐自己喜欢的文章。	1. 熟记乘法口诀表，多位数加减计算正确率高。 2. 爱动脑，会思考，拓展性习题尽量独立完成。	1. 能够熟练背出黄页上所教单词，每周另外背出5个常用单词。 2. 认真完成课堂作业，书写得A，每次默写80分以上，期中期末考试95分以上。
	三	1. 每天坚持阅读课外书籍、报刊15分钟。能主动摘录好句，学习使用。 2. 尝试向有关报纸杂志投稿。	1. 乐于思考会钻研，拓展题目会完成。 2. 积极参加各级各类数学竞赛。	1. 能用英语表达自己的想法，表达无语法错误，口齿清晰。积极主动地与他人交流。 2. 课堂上能积极开动脑筋，能积极参加各类英语竞赛，并争取获奖。

| 四 | 1. 每天坚持阅读课外书籍、报刊15分钟,能主动摘录好段,学习使用修辞手法。
2. 积极向有关报纸杂志投稿,有文章发表。 | 1. 学会收集、整理、分析错题。
2. 积极参加各类竞赛,获得一定的成绩。 | 1. 认真做好每节课的笔记,回家后整理巩固,每学期整理一本自己的错题集。
2. 每周阅读一份英语报刊,每学期能参加一次英语竞赛,并获得一定名次。 |
| 五 | 1. 每天坚持阅读课外书籍、报刊20分钟,能主动积累好篇,学习写作方法,做好摘抄或撰写读后感。
2. 积极参加各类语文比赛并获得荣誉,向有关报纸杂志投稿并发表。 | 1. 知道生活中的数学,学会生活应用。
2. 在校级或以上数学竞赛中获奖。 | 1. 每周坚持写1—2篇英语小作文,并做好整理。
2. 每月坚持看1—2份英语报刊,学讲一则小故事;每学期能参加一次英语竞赛,并获得一定名次。 |

"勤劳章"争章活动

年级	家庭实践	社会实践	校园实践
基础目标	1. 学习用品自己会理,个人卫生自己会搞。 2. 保持环境整洁,认真做好值日工作。 3. 积极参与学校及社区组织的社会实践活动,遵守纪律,合作完成相关任务。		
各年级学科超标加星分目标 一	1. 能学会自己洗澡,穿衣服,系鞋带。 2. 能学会自己理书包。	1. 遵守纪律,文明活动。 2. 能在活动结束后和小朋友一起交流活动感悟。	1. 积极认领小岗位,并在小岗位上工作出色。 2. 随时随地捡起身边的垃圾。
二	1. 能学会折叠被子。 2. 能学会盛饭、摆放碗筷。	留下活动脚印,以绘画、文字、摄影、录像等形式记录下来。	1. 认真参加大扫除,表现出色。 2. 认真做好小岗位工作。 3. 积极认养中队生物角中队小植物,并照顾好植物。
三	1. 能学会饭后收拾碗筷,擦饭桌。 2. 能学会洗红领巾、袜子等小衣物。	写活动体会,在中队里交流,并受到好评。	1. 担任小桌长,维持好用餐秩序,保持桌面整洁。 2. 担任升旗手或值日中队岗位,出色完成一周升旗任务或站岗任务。

			3. 小组合作，完成"二十四节气——自然笔记"的记录，并在中队里得到好评。
四	1. 能学会用电饭锅煮饭。 2. 学会包馄饨。	1. 策划并组织实施一次有意义的假日小队活动。 2. 在中队十分钟队会上交流。	1. 帮助辅导员管理中队各项事务，受到队员认可。 2. 担任升旗手或值日中队岗位，出色完成一周升旗任务或站岗任务。 3. 小组合作，完成"二十四节气——自然笔记"的记录，并在中队里得到好评。
五	1. 学会烧番茄炒蛋。 2. 学会去菜场买菜。	1. 认真参与营地活动，遵守纪律，团结合作。 2. 能完成一篇500字左右的社会实践主题性小论文。	1. 担任小辅导员尽心尽责，受到儿童团员的喜爱。 2. 担任升旗手或值日中队岗位，出色完成一周升旗任务或站岗任务。 3. 小组合作，完成"二十四节气——自然笔记"的记录，并在中队里得到好评。

"勤练章"争章活动

基础性目标		1. 坚持参加每次社团活动，不迟到、不早退、准备好。 2. 认真参与每次社团活动，守纪律、勤思考、表现好。 3. 及时完成社团活动任务，能合作、不拖拉、质量好。
各社团超标加星目标	布谷鸟合唱团	1. 了解合唱相关音乐知识，能独立识谱。 2. 掌握一定的合唱技巧，能用科学的发声方法、正确的歌唱姿势、准确的音高节奏、通畅的气息、富有情感地进行歌唱。 3. 能自如地唱准两声部的旋律，声部间相互和谐均衡。代表学校参加区级以上声乐比赛，并获奖。
	琴韵古筝社	1. 学习古筝演奏音乐知识，能独立识谱。 2. 初步有序地训练相关手部机能，掌握一定的演奏技巧。 3. 每学期能演奏2首以上耳熟能详的古筝名曲，暑期完成考级。
	金孔雀舞蹈社团	1. 能掌握舞蹈的基本动作。 2. 每学期能表演一段二分钟的舞蹈，要有节奏感、韵律感和表现力。 3. 参加区级以上舞蹈比赛，并获奖。

	创意制作社	1. 掌握车模、船模、航模、机器人等模型的制作知识与技能,参与相关区级以上比赛,并获奖。 2. 在创意制作活动中掌握1个以上科学原理,并能用语言表达出来。
	炫彩超轻土社	1. 掌握团、捏、搓、盘等陶艺基本技能。 2. 掌握初步的色彩知识与涂色技巧,能发挥想象力进行儿童画创作。 3. 能综合各种方法进行有创意的作品造型创作,参加区级以上比赛或展示,能获奖。
	墨韵书法社	1. 了解书法的基本知识,能掌握正确的运笔、书写姿势等基本技能。 2. 养成每日练习习惯,积极参加各类区级以上书法竞赛与展示活动,能获奖。
	风采田径队	1. 学习并掌握一项田径技能,成为代表学校参加区级以上田径比赛的主力队员。 2. 初步掌握篮球、跳绳等其他2种以上体育项目的知识与技能。 3. 具有积极向上、团结协作、顽强拼搏的体育精神。
	魅力足球队	1. 了解初步的足球知识与文化,掌握基本的足球技能,体会"快乐、好玩、乐学、苦练"的足球文化。 2. 了解足球运动的比赛规则,能代表学校参加区级以上足球对抗比赛。 3. 具有积极向上、团结协作、顽强拼搏的体育精神。

4. 童心节系列活动

实施年级	童心节名称	课程目标	实施时间
一至五	创新科技节	1. 给学生打造展示自我能力和自我风采的舞台,进一步丰富学校的校园文化生活,培养学生的科技创新精神。 2. 激发学生对科技的兴趣和爱好,陶冶情操,启迪智慧,促进学生的全面发展。 3. 通过展示学校科技教育的成果,进一步推动学校科技教育的改革和发展。	三月
一至五	快乐篮球节	1. 通过活动丰富学校体育文化内涵,展示学校篮球教学成果,提高学生篮球技能。 2. 让学生在篮球活动中体验运动的快乐,培养自信、勇敢、竞争及团队合作等精神。 3. 发展学生体育特长,促进学生在身体、心理及社会适应能力等方面和谐的发展。	四月
一至五	巧手陶艺节	1. 进一步打造学校陶艺特色项目,营造校园陶艺氛围,提升学生陶艺素养与能力。 2. 培养学生的审美情趣与动手、创造能力,享受成功和快乐。	五月

实施年级	童心节名称	课程目标	实施时间
一至五	慧雅读书节	1. 继续深入开展区慧雅书童主题系列活动，提升学生阅读能力。 2. 营造积极向上、清新高雅、健康文明的校园文化氛围，激发师生读书的兴趣。 3. 让课外阅读丰富学生的知识，开阔他们的视野，活跃他们的思维，陶冶他们的情操，真正使他们体验到阅读的快乐。	十月
一至五	轻盈跳踢节	1. 鼓励学生积极参加户外活动，养成良好的锻炼习惯，不断增强学生的体育健身意识。 2. 引导学生自觉参加冬季体育锻炼，营造浓厚的校园体育文化氛围。 3. 增强同学之间的合作意识和班集体的凝聚力，提升班集体的集体荣誉感和责任感。	十一月
一至五	迎新歌唱节	1. 通过各项活动，展示学校艺术教育的成果，推动艺术教育进一步发展，创设良好的校园艺术教育氛围。 2. 让学生在浓厚的艺术氛围中感知艺术的美，体验参与的快乐，享受成功的体验。	十二月

四、"炫"课程的实施

1. 中华传统节日教育统整课程

实施年级	传统节日名称	课程目标	实施时间
一至五	元宵节	1. 体验、感受、熟悉我国的传统节日——元宵节。 2. 了解我们中华民族的风俗习惯，进而尊重和热爱我们中华民族的传统文化。 3. 亲身体验中华民族文化的魅力所在。 4. 培养上网搜集信息、整理资料、调查访问等综合能力。 5. 培养创新精神、探究意识、协作精神，让学生获得情感的体验。	农历正月十五日
一至五	清明节	1. 了解清明节的文化习俗，从中感受到中华民族文化的魅力与丰富内涵，弘扬传统文化，增强学生的文化知识。 2. 了解革命烈士的感人事迹，懂得幸福来之不易，从而珍惜今天的幸福生活。 3. 进一步理解清明节的内涵，深切缅怀先烈的爱国主义精神，激发学生热爱祖国、热爱家乡的思想感情。	四月四、五日
一至五	端午节	1. 知道农历五月初五日是端午节，了解端午节的由来、端午节的各种庆祝活动和其含义。 2. 进一步普及端午知识，加深同学们对于端午以及其他中华民族传统节日的认识。	农历五月初五日

实施年级	传统节日名称	课程目标	实施时间
		3. 体会到端午节具有丰富的内涵,折射出中国人应对季节变化的智慧,以及对健康、平安生活的向往。	
一至五	中秋节	1. 了解中秋节的名称、起源及节日风俗习惯。 2. 通过了解家乡过中秋的风俗习惯,激发学生热爱家乡、热爱祖国的情感,体会家庭欢乐、生活甜美的幸福。 3. 通过对中秋节的了解,使学生感受中华民族文化的特点。 4. 通过对中秋节有关资料的搜集,继续培养学生搜集、处理信息的能力和动手实践能力。	农历八月十五日
一至五	重阳节	1. 探究、了解重阳节的来历、习俗,让学生感受、积淀、传承中国的传统文化。 2. 了解"重阳节"这一中华传统的内在价值,并在体验中学会理解、尊重和孝敬老人。培养学生敬重老人、关心老人的良好品质。 3. 通过调查、访问等活动,培养学生的组织表达能力和团队合作精神,促进个性的发展。	农历九月初九日

2. 安全教育系列课程

实施年级	课程名称	课程目标	实施时间
一至五	校园安全	1. 组织师生运用电脑安全软件学习相关校园安全的知识,掌握正确游戏、生活方法,不做危险的事。 2. 开展国旗下讲话、红领巾广播等进行课间文明休息、注意校园安全等教育,邀请师生共同查找校园安全隐患。	三月
一至五	防震演练	1. 组织师生运用电脑安全软件学习相关防震逃生的知识,掌握正确的逃生方法。 2. 开展全校师生防震疏散演练,明确逃生路线和集合地点,强调不拥挤、不踩踏,做到动作迅速、有序。	五月
一至五	交通安全	1. 组织师生运用电脑安全软件学习相关交通的知识,了解遵守交通安全的重要性。 2. 开展国旗下讲话、红领巾广播、主题队会等形式进行交通安全等教育,特别是在素质教育实践活动的外出之前进行针对性教育。	九月
一至五	消防演练	1. 组织师生运用电脑安全软件学习相关消防安全的知识,掌握正确的逃生方法。 2. 开展全校师生防火疏散演练,明确逃生路线和集合地点,强调捂住口、鼻下蹲行走,做到动作迅速、有序。	十一月

创所未有，生生不息，谓之创生。突破固有模式的局限，嵌入新的课程整合思路，不断激发起学生探究、理解、发现、创造的主动性。创生，是反思中求得灵感，更是畅想中联结未来。当课程本身被烙上创生的印记后，我们或许才更有理由期待教育的另一种姿态。

卓越课程：创生不一样的人

蒲公英课程：让每一个孩子成为执着的追梦者

第四章

创生：寻找面向未来的生长点

长期以来,我们的传统课程因未能传达一种善于批判反思、积极创新实践的教育而受到诟病,在强大的惯性下,要作出根本性的改变必然是一件极不容易的事。也正因为如此,所有为之努力的希望才显得格外耀眼,让我们有勇气继续向前。

有一种改变的努力,我们愿意把它叫做"创生"。创所未有,生生不息,谓之创生。突破固有模式的局限,嵌入新的课程整合思路,不断激发起学生探究、理解、发现、创造的主动性。

创生,是反思中求得灵感。创生不是无根之木,不是空穴来风的生搬硬造。当我们为了回应传统课程遇到的挑战而试图作出一些改变时,首先要做的,并非是一厢情愿地谋划蓝图,而是对原有基础深入的观察、分析和思考。只有不断在反思中获得对问题更清晰的理解,才不会在改变的道路上南辕北辙,也才有可能创生出有意义的方法与路径。

创生,更是畅想中联结未来。可以说,我们虽面临各种问题的困扰,但我们的方向必然是未来,培养在未来能很好地适应并创造社会生活的一代是我们共同的目标。于是,我们必须要清醒地认识到未来一代所需要具备的核心素养,从而在课程创生中将其贯穿始终。

我们认为,这种创生应当渗透在课程的方方面面——我们的课程设计和课程内容,要挖掘教师与学生共同生活中的真实经验,创生出真正有价值的问题;我们对课程资源的开发利用,要创生出高度的敏感性,关注到社会、生活、社区中的各种即时发生的事件;我们的课程实施,要创生出更多的自主性和参与意识,重视师生的倾听、探究、反思、批判与合作。当课程本身被烙上创生的印记后,我们或许才更有理由期待教育的另一种姿态。

这必然是一个挑战,但它无疑具有强大的生命活力。

卓越课程：
创生不一样的人

2009年在上海市政府领导的关心下,上海市嘉定区人民政府、上海交通大学、上海市教育委员会就上海交通大学附中依托其优质教育资源,嘉定区依托建设嘉定新城的历史机遇开展合作办学一事达成共识,上海交通大学附中在嘉定新城设立分校。

嘉定分校与本部实行一体化运作,即实施教育资源共享,教学管理方法同步,整体综合联动的操作模式。

学校紧紧依托上海交通大学和上海交通大学附中,秉承上海交通大学附中"思源致远、创生卓越"的办学理念和"求实、求高、求新"的办学传统,以德育为核心,以培养学生的创造型思维能力为重点,以课程建设和改革为切入点,逐步形成以科技与人文并举的教学特色。

作为一所新校,理应站在高起点上,制定具有学校特色的课程规划。

第一部分　学校课程愿景

我们秉承"思源致远、创生卓越"的办学理念,把以深厚学养为基础,培养远大志向、坚强毅力和创新智慧,以不断创生的实力见证卓越青年的成长作为我们的培养目标。这表达了我们对学生发展内涵的三维理解：(1)在知识素养方面，我们的学生能够在扎实掌握基础知识的同时形成深厚的人文素养和科学素养，其中对人类科技文化领域有更为深入的理解；(2)在能力发展方面，我们的学生能以自主学习和用心交往两方面的能力为基础，夯实学术功底，形成创新素养，运用科学方法创造性地完成一些科技创新实践项目；(3)在人格品性方面，我们的学生能在自主探索和用心交往的过程中树立远大志向，秉持科学态度，创造青春辉煌，创生卓越品质。

同时，这个目标也表达着体现我校的育人方式——"自主探索、相互激发"。通过这样的育人方式，个体优秀品质和群体卓越文化可以自觉生成，学生的内在实力和外显成就可以自主创生。

第二部分　学校课程发展

一、学校课程理念

我校将"思源致远、创生卓越"的办学理念充分落实在本校特色化课程体系之中，着力于创新人才的早期培养，提出了"创生卓越"的特色化课程理念。

总体上看，这一理念包含两个方面的含义：1)思成长之源，这就是饮水思源，以感恩之心领悟殷切期望，回报家国恩情，生发新的活力；2)致理想之远，这就是志向远大，以坚忍不拔的毅力，不断创生的实力迈向卓越，激发创新智慧。

在这一理念中，"创生"意指发展主体在创造中生成新的发展境界的过程，即学校成员在积极进取的过程中用心交往、主动开拓，投入到富有生命活力的相互激发生命活力、逐步生发卓越品质的过程；它蕴含着我们恢弘的气度、充足的耐心、饱满的热情和持续的活力，体现着我们对发展过程内蕴品质的重视，而不仅仅是对发展结果外在功效的关注。"卓越"不只是一种外显的成功标志,更是一种内生的高雅品质,它融合了追求远大志向的豪迈气势和善于厚积薄发的生命智慧。

二、学校课程结构

我校课程结构可以概括为"一体两翼"课程,一体是指基础性国家课程,两翼是指拓展性校本课程和研究性校本课程,课程涵盖科技、人文、体育、思想方法、社会实践等五个领域。建立专门科室,调动教师、学生和社会力量合作研究。在基础性国家课程设置上,渗透短探究活动,实现国家基础型课程的校本化,提出我校学生各科文化课(共 13门)达到的基本标准,意在为学生打下宽厚的人文基础和人文底蕴、艺术基础和研究能力;在选修课设置上,以微课程、短选修为主,意在开阔学生视野,拓展学生思维;在研究课设置上,科技类STEM课程,人文类语言、文学、哲学课程,意在提升学生探究的能力,思维的品质。总之,为学生个性化发展和一生的发展打下雄厚的基础。

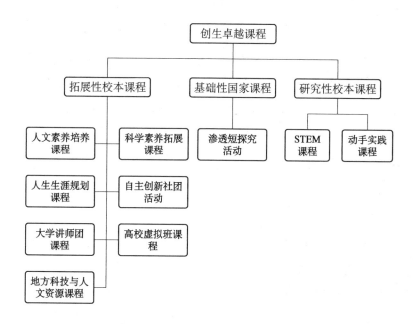

一体两翼：

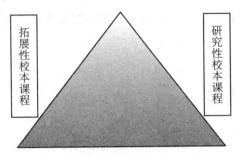

拓展性校本课程　　　研究性校本课程

基础型国家课程的校本化

基础课——建设基于标准的校本教学

我校正在探索基于标准的校本教学体系，从课程标准、教学资源库、题库、学生积极心理的培养等方面入手，建设适合本校实际的特色课程。在基础课程中融入短探究活动，激发学生的学习兴趣，使学生有一个自由的大脑。

短探究活动是为了提高传统课堂教学的有效性，在基础课中将科技与人文教育同学科教学整合，要求教师以发展智力、加深人文底蕴、开发创新能力和动手实践能力为重点，在基础课教学中开设短探究活动。比如语文学科中的"鲁迅专题阅读"、数学学科中的"互成角度的共点力的合成"、化学学科中的"利用喷泉实验来验证气体与溶液反应的规律"、物理学科中的"新教材实验——用 DIS 研究机械能守恒定律"、地理学科中的"地球在宇宙中的位置"等，教师不再是单纯地展示结论，而是先让学生课下搜集相关的背景材料和原理内容，再进行专题讨论或实验验证，学生兴趣极大，真正成为了课堂的主体。这些都是意在促进学生"自主探究、相互激发"学习新模式，激发学生学习兴趣及培养动手实践能力的短探究活动。

选修课——开设拓展性校本课程

有效整合我校的教育教学经验，充分挖掘教师资源，创新教学方法和德育方法，在课程中落实"科技与人文"并举的办学特色，开设了人文素养培养课程、科学素养拓展课程、人生生涯规划课程、自主创新社团活动、交通大学讲师团课程、高校虚拟班课程、地方科技与人文资源、分校荣誉课程等八大类课程。分类型实施课程,高一年级以微型选修课、短选修为主,注重人文素养教育;高二年级增加长选修课和社会实践,注重科学素养教育;高三年级以微型选修课为主,注重人生规划教育。

人文素养类课程——民国风云人物传奇、宋代诗词赏析、庄子寓言成语中的传统文化、魅力话剧、歌曲唱法、水彩画工作室、篮球、网球进阶、羽毛球进阶、推拿养生。

科技素养课程——数学建模与应用、数学讨论班、电子元件与锡焊技术、天文学概论、高二物理课堂问题拓展、邮票上的物理学史、高中物理学习方法、生命科学探究实验、生活中的化学、高一化学竞赛、化学实验探究与创新、多媒体作品设计、基础统计与 SPSS、计算机硬件组装和系统维护等。

人生生涯规划课程——我是谁、高中生的职业观、生活礼仪、说话的艺术、我和你有不一样的心、家长生涯规划专题课,参观、考察、体验大学、企业、事业单位的相关职业、专业 5—10 个,参观、考察各类单位 5 个。义工类:每个学生不少于 20 个课时的义工经历;游学类:每年至少去国内或国外一个地方游学;实验类:每个学生完成物理、化学、生物等学科的必做的 60 个实验;艺术实践类:书法(硬笔、毛笔)、美术(国画、油画)、音乐、沟通与领导等。

自主创新社团活动——二次元、SA 动画制作社、JA 学生公司、Creation、模型社、天文与气象社、TI 物理实验社、逻辑推理社、头脑创新思维社、建造社、超数社等,每个学生组建一个社团,参加一个社团。

大学讲师团课程——由交大等大学学者组成讲师团,每周 2 课时为学生开设讲座。以微型选修为主。

高校虚拟班课程——学校依托本部参加由交通大学医学院、华东理工大学、财经大学等高校合作开发"虚拟班",参加相关特殊课程的学习,今年学校又将开设同济大学"虚拟班",涉及汽车、建筑和城市规划三个领域。

地方科技与人文资源——我校利用地方资源开展人文与科技类课程,每学期利用专门时间分年级进行短期实践活动,三年内了解嘉定区的风俗文化,体验高新科学技术。主要的课程项目有考察安亭古镇、古漪园、孔庙、州桥老街，观摩汽车城、嘉定科技博览会，参观同济大学汽车学院、工艺美术学校，聆听嘉定区相关科技院所专家报告等。

分校荣誉课程或分校文凭课程——学科综合，物理、化学、生物等13门学科两门以上的综合，学科发展前沿，AP 课程、CAP 课程等大学先修课程，中国文化经典，哲学高级课程，学生致远讲坛上发表年度基础学科学术发展报告等学生自主开发课程。

研究课——开设研究性校本课程

依托交大和交大附中本部的科技资源，我校形成了 STEM 课程和动手实践课程两大类科技课程。

STEM 代表科学（Science）、技术（Technology）、工程（Engineering）、数学（Mathematics）。STEM 教育就是科学、技术、工程、数学的教育。在国家实力的比较中，获得 STEM 学位的人数成为一个重要的指标。美国政府 STEM 计划是一项鼓励学生主修科学、技术、工程和数学领域的计划，并不断加大科学、技术、工程和数学教育的投入，培养学生的科技理工素养。

STEM 的教学不是简单地将科学与工程组合起来，而是要把学生学习到的零碎的知识与机械过程转变成一个探究世界相互联系的不同侧面的过程。了解科学、技术、工程、数学之间存在着一种相互支撑、相互补充、共同发展的关系，就不能只研究其中任何一个独立部分，只有在交互中，在相互的碰撞中，才能实现深层次的学习、理解性学习，也才能真正培养儿童各个方面的技能和认识。这是 STEM 课程设置的初衷和本质。

我校引入 STEM 课程旨在让学生在寻找科技的各个侧面的关系的过程中，激发学生的创造力，在高中阶段生成对科技的渴望与追求。

动手实践课程是我校的重点课程，秉持"科技与人文并举"的办学特色以及"自我发现、自我探究、自我追求"的科技教育理念，给予学生个性化的培养，激发学生动手制作、自主研究的兴趣与潜能，激发学生的创新潜质。

在高一、高二开设各种动手实践类课程（见下表）并创设校园科技文化节，旨在为同学们提供一个"展示自我、挑战自我、超越自我"的日常平台,着重培养学生求真务实、勇于创新的求学态度和学术精神。同时鼓励学生参加一年一度的同济大学科技建造节、科技创新大赛,各级各类 DI、头脑 OM 比赛,培养学生的动手实践能力。此外,学校特别为优秀学生开设独立工作室,其中有以学生姓名命名的姚悦工作室以及 DI 头脑奥林匹克学生工作室、TI 物理工作室、结构工作室等学生动手实践工作室。

高一		高二	
第一学期	第二学期	第一学期	第二学期
团队创造与合作 / 横竖之谜 / 鸡蛋飞行器	怎样进行课题研究指导	中期评审	获奖课题展示及校外各类大赛
团队创造与合作 / 七巧板 / 报纸建塔	科创课题选拔大赛	学生课题研究	获奖课题展示及校外各类大赛
科学小实验	科创课题选拔大赛	学生课题研究	获奖课题展示及校外各类大赛
社会小调查	科创课题选拔大赛	学生课题研究	获奖课题展示及校外各类大赛
工程小制作	科创课题选拔大赛	终审	获奖课题展示及校外各类大赛

三、学校课程开发

我校制定了课程开发和管理制度,以规范课程的开发和管理工作,使课程开发纳入教师业务考核中。首先组织全体教师学习,动员全体教师根据自己的爱好和特长整合各科组教师的特长和优势,结合学生的认知水平、兴趣爱好及学生未来发展趋向共同开发"创生卓越"课程。

课程开发流程为:需求评估——目标确定——框架建构——课程申报——课程评议——选课指导——班级组建——评价反馈。具体操作为:

1. 学校以教育部《普通高中课程实施方案(实验)》确定的目标为基础,充分分析学校、学生和社会发展的需要,设计三份调查问卷(学生、家长、教师)了解大家的需求,对问卷进行分析,评估社区课程资源,结合自身办学理念,确定课程建设宗旨,初步理清开发思路,拟订开发纲要,确定开发项目。在课程实施过程中跟踪学生的发展需求,不断改进和调整课程设置,优化课程内容,研制校本课程建设的总体方案。

2. 教师填写《校本课程开发申报表》,交学校课程委员会初审。此表包括:主讲教师姓名、课程类型、课程名称、课程简介、授课对象、授课时间(周课时、总课时)、教学目标、课程内容设计、参考教材、选修对象、学习方法(体现课程特点、符合活动主题要求、适合学生年龄特征)、学生应具备的基础、考核方式、学分数等。

3. 教师申报的课程经过学校课程委员会通过之后,便根据自己的计划着手准备教材,以选用和改编为基本方式,可以选择一本正规出版物为自己校本课程的蓝本,也可以结合网上资源自己编写一本教材,在各课程中发现最能体现地方和学校特色,能适应本地区、本校及学生不同发展需要的课程题材,发掘相应的课程资源,设计有创意的课程主题和课程单元。也可借鉴、移植其他地区校本课程的开发成果。

鼓励教师以新编和重组为基本方式,在国家课程计划给学校留出的空间内对校本课程进行自主开发,注意与"综合实践活动"课程整合,在研究性学习、社会实践与社区服务、劳动与技术教育等方面进行创造性的设计与开发。特别是开发涉及科学与生活、历史与社会相关的课程,以培养学生的科学兴趣和科学精神;开发与学生生活相联系的相关课程,让学生在生活中体验,在快乐中学习。

4. 初稿编写完成之后,学校向学生提供校本课程目录,并确定时间在学校礼堂由开课老师向学生展示课程的相关内容,供学生询问和选择,教师指导学生了解课程特点,使学生充分了解课程并明确自己的需求,学生上机选课。

5. 对于选修类课程和社团类课程,教导处负责确定开课科目和任课教师,组建教学班。根据学生意向和学校教学条件,在充分尊重学生志愿的前提下,进行合理调剂,安排时间进行授课。

6. 每种校本课程修完之后,教务处都要组织任课教师,采取灵活多样的考试方式,对每位学生进行考评,合格的予以赋分,不合格的进行补考或重新学习。

四、学校课程实施

1. 课时安排及学分分配

高一拓展课、选修课、社团课、班会课等每周不少于 5 课时,高二每周不少于 4 课时,高三每周不少于 2 课时。学生经过修习至少获得 8 个学分。

2. 课程的实施步骤

1) 选课。教务处在学期开学的第一周,向学生宣传实施课程的意义,激发学生参与校本课程学习的积极性,公布每个年级开设的校本课程方案(即专题)、授课教师及课程说明,供学生了解,并确定时间在学校礼堂由开课老师向学生展示课程的相关内容,供学生询问和选择。学生根据自己的兴趣爱好,上机填报选课志愿表。为便于统筹安排,每位学生可选报两个专题。教务处对学生的志愿表进行统计汇总。

2) 排课。教务处制订各年级校本课程开设计划,并将校本课程的开设排入总课表,下发到每个班级,再公布课表、授课教师、学习地点。

3) 上课。教师或教师小组根据学校安排,在指定地点组织开展教学活动。校本课程教学组织的要求与国家、地方课程的要求相同。要建立临时班级、组,加强考勤和考核。教师要按校本课程课时计划表,有目的有计划地实施校本课程,精心备课、认真上课,并根据实际情况,及时完善课程内容,调整教学方式,开展教学研究活动,研讨教材教学策略,提高教师对教材的驾驭能力。学生应根据教师的要求,严格遵守学习纪律,积极参与学习活动,认真完成学习任务。

4) 考核。教师定期检查、记录、测试,反馈实验情况,对出现问题进行调查与诊断。每一专题学习结束后,教师要组织对学生进行考核,并向教务处提交课程实施总结。对学生的考核可按学期对教材内容、教材的使用、学生学习效果进行阶段性的总结评价,采用测试、小论文、实验、设计、竞赛等多种方式进行,考核成绩折算成学分,纳入学生学期成绩考核之中。

五、学校课程管理

1. 组织管理:我校课程实现学校统筹规划,教师自主实施,学校监督检查,教师总结反馈。教务处负责校本课程开发与实施的组织与管理工作,负责审议校本课程开发实施过程中的重大决策,制订《校本课程开发实施方案》相配套的制度,检查评估开发与实施的执行情况等,通过问卷调查等形式,了解各门课程的选课人数等,以便于规划实施课程。

2. 实施管理:根据相关课程文件,正确处理好国家课程与校本课程的关系,不能用国家课程挤占校本课程的课时,也不能将校本课程变为国家规定的文化课程的延伸和补充。对已开发的课程统一制定课时计划,对任课教师、教学场地等进行规划设计。课程在实施过程中要充分体现学生学习活动的自主性、探索性、创新性,学习方式的活动性、实践性、综合性,教学过程的情境性、合作性、建构性,教授方式的灵活性、针对性、创造性。

3. 资源管理:校本课程实施过程中,学校须为学生提供必要的操作材料或活动器材,为教师开展校本课程提供多方面的帮助和支持。

4. 评价管理:学校要根据校本课程开发实施目标,制订评价准则,采用多种评价方式,定期对课程实施进行评价。学校发挥激励功能,不仅要激励学生,更要发挥评价对教师发展的促进作用,把教师参与校本课程开发与实施的情况纳入教师发展性评价体系当中,鼓励每一位教师积极参与校本课程的开发和实施,并将其纳入教师的奖惩、评聘、晋升考核之中。

蒲公英课程：
让每一个孩子成为执着的追梦者

嘉定区德富路小学原名嘉定区德富路学校,于 2012 年 9 月创办,2015 年 1 月正式更名为嘉定区德富路小学。学校位于风景秀丽的嘉定新城核心区域 1781 号,占地总面积 37.2 亩,建筑面积是 12258 平方米,25 个教学班的标准配置,目前已开设一年级 6 个班、二年级 5 个班、三年级 4 个班,学生总数为 535 人,在编教工数 43 人。

学校各类设施设备先进、齐全、完善。学校有充足的运动场地:200 米塑胶跑道,将近 2000 平方米的天然草坪操场,另有篮球场、排球场和足球场等;设有一流的电视、智能广播系统和各类专用教室:微格教室、计算机教室、美术教室、形体教室、音乐教室、书法教室、劳技教室、自然实验室等 12 个。另有大队部、科技活动室、心理咨询室、学生阅览室、室内体育馆、教工之家、多功能阶梯教室等。

德富路小学办学近二年多来,就已经声名鹊起,崭露头角,社会美誉度和可信赖度持续提升。学校以"规范管理扎实基础"为抓手,全校上下秉承"明德惟馨多文为富"的校训,实践发展"让梦想成为一种动力,让管理成为一种智慧,让精神成为一种导航,让尊重成为一种文化,让成人成为一种修养"的工作理念,同心同德,甘于奉献,务实创新,励精图强。办学中实践"以规范为基;以学生为本;以发展为要;以效率为重;以师资为依;以质量为主;以文化为根",促进学校扎实、稳步、有序、有效地发展,使师生的生命焕发出灵动,开创了学校工作新局面。

第一部分　学校课程哲学

学校以"明德惟馨多文为富"为校训,其含义是:真正散发香气的是美德;以多学知识技能为富有。一是基于学校校名的思考:德和富是很有内涵的两个字,办学理念恰到好处将这两个字融入其中;二是基于历史内涵的思考:《尚书·君陈》记载:"至治馨香,感于神明。黍稷非馨,明德惟馨。"《礼记·儒行》记载:"不祈多积,多文以为富";三是基于学校培养目标的思考:《国家中长期教育改革和发展规划纲要(2010—2020年)》提出了"坚持德育为先。立德树人,把社会主义核心价值体系融入国民教育全过程。""坚持能力为重。优化知识结构,丰富社会实践,强化能力培养。"

一、学校教育哲学：童梦教育

著名哲学家雅斯贝尔斯在《什么是教育》中指出:"教育的本质意味着:一棵树摇动一棵树,一朵云推动一朵云,一个灵魂唤醒一个灵魂。"教育的本质就是唤醒,唤醒学生沉睡的天性、潜能和梦想,唤起学生的自尊、自信、自强和自律,焕发生命的活力和人性的光辉。

"童梦教育",即通过激扬儿童的梦想,让童梦引领儿童健康成长的教育,旨在营造有利于儿童快乐学习与幸福生活的"教育生态",促进学校的特色发展和内生发展。"童梦教育",即基于儿童的真实生活,将儿童作为生命存在体、生活存在体和精神存在体,使其在充满童真、童趣与童乐的环境下健康成长的"童梦校园生态文化"。在此基础上,学校力求做好两方面培养工作:第一,呵护一颗颗纯真的心,呵护每一个稚嫩的梦想,培养孩子爱的情感、奉献的精神和创新的能力,促进孩子的自我学习、自我提升和自我发展,不断丰实孩子追求梦想、实现梦想的勇气和能力；第二，以培养"心有童梦，腹有诗书"的童梦师资队伍和理解、欣赏、支持及参与学校教育教学工作的童梦家长队伍为目标，让教师过有梦的教育生活，创建富有"童梦教育"文化气息的办学特色。

二、课程理念：让每一个孩子成为执着的追梦者

在"明德惟馨多文为富"校训的引领下，我们依据"童梦教育"这一学校教育哲学，着力建设规划蒲公英课程。蒲公英是我们日常生活中一种最常见的植物之一，它生命力强盛，勇敢坚韧，只要有适合它生存的地方，它就会在那里发芽生长。蒲公英的飞翔是一个一个梦在瞬间的绽放，凝固了空气，沿着空中的隧道传播。风是一个匆匆的过客，邀请蒲公英去远方旅行。从村庄到城市，坠入小溪流向河流，飞过天空，乘着云彩，飞到了无边无际的远方。不管身在何处，他们都会努力地扎根成长。蒲公英的这种生长特质正与学校的课程理念相吻合。为此，学校确定了蒲公英课程的理念：让每一个孩子成为执着的追梦者。其具体涵义是：

1. 课程即美好的期待

"学习期待"是指学习者对学习活动所要达到目标的意念，是学生在学习活动中的一种自觉的、能动的、积极的心理状态。"期待"心理在推动人的行为的过程中有非常重要的作用。具体表现为：唤起行动；使活动指向一定的目标；将唤起的行动坚持下去，并及时调整活动的强度。"学习期待"的树立，可以使学生从原始状态的被动接受走向自发状态的主动接受，甚至是探究，从而改变学习的态势，完成被动到主动的蜕变，真正成为学习的主人。因此，构建起学生的"学习期待"是改变目前学生学习状况的重要前提。有学习期待，是保证学的前提；有强烈的学习期待，是保证学好的必备条件。

学校根据学生的学习需求，精心建设蒲公英课程，让每一门课程都会给人以美好的期待和生成的惊喜。师生在一次次的期待与惊喜中，享受充实，展露才华，拥抱激情，提升自我。

2. 课程即舒适的穿行

舒适，是课程本身的追求：适合儿童、舒展儿童；同时也是课程建设者应有的表情：追寻自己的教育理想、找寻适合自己耕耘的领域，这样才能带着愉快的心情去劳作，才能释放自己、有所作为。

每一个儿童都是幼稚、童真、新鲜的生命体，他们代表着新生、神秘与懵懂。对于一切，他们是新鲜的；对于他们，一切是新鲜的。他们就如同当初的自然一般，让人好奇，同时也充满着好奇。他们需要自己去慢慢探索，更需要成年人的正确引导。著名教育家陶行知老先生就提出了"生活即教育"、"社会即学校"的思想，这需要我们教师做什么呢？教师在设计课程时，要善于利用身边的条件，让孩子在"做中学，在学中做"。

蒲公英课程建立在学生的兴趣基础上，关注这一年龄段的学生成长需求和学习特点，注重课程类型的多样化和体验的深刻性，通过课程体系的构建与实施，为学生提供品德形成与人格发展、潜能开发与认知发展、身体与心理发展、艺术审美等方面的学习经历，丰富其学习体验。

3. 课程即差异的满足

一滴水就是一个海洋，一个孩子就是一个世界。他们有的活泼，有的内向；有的擅长这一方面，有的擅长那一方面；有的各方面发展都比较均衡，有的某些方面擅长而某些方面显得滞后。就像世界上没有完全相同的两片叶子，世界上同样没有完全相同的两个人。孩子有自己独特的个体发展水平。尊重孩子就要尊重孩子的个体差异，尊重孩子自己的发展水平。

课程是带给儿童幸福的礼物，是给学生发展提供的机会，如何让"礼物更美"、"机会更多"？需要我们精心建设学校课程！即整合国家课程、地方课程、校本课程，不断提升实施质量，努力为不同的学生提供尽可能多的选择性课程，让丰富多彩的课程满足不同孩子的学习需求，这一过程也将给教师发展提供机会，带来幸福。

为每一个儿童设计适合的课程是教育的理想，个性化的学习与教学也是教育的理想，我们不仅需要这样的教育理想和教育追求，去强烈地洞穿现实教育的平庸和功利，更需要我们以广泛而丰富的实践和探索,去完善和提升教育的人性关怀和人文境界。

4. 课程即生命的痕迹

蜗牛爬过,会留下一条湿润的痕迹;鱼儿游过,会留下水波荡漾的痕迹;彗星划过,会留下点亮黑夜的痕迹。每一位学生在课程的学习过程中,不仅亲历学习过程,更带给他们获得知识和技能,习得过程和方法,受到情感、态度、价值观的影响。不同的课程给孩子不同的收获,不同的收获会留存在孩子生命中,成为影响他成长、成功、成才的正面力量。

第二部分 学校课程目标

一、培养目标

基于学校地理位置和发展情况,以及学生的需求等多方考虑,学校课程建设的出发点是以学生为本,面向每一位学生,激发学生兴趣,开发学生潜能,培养学生能力,让每一位学生都能健康和谐发展,成为与嘉定新城发展相匹配的"五有"学生:知书达礼有修养,见多识广有眼界,与人为善有爱心,知难而上有毅力,开拓进取有梦想。

知书达礼有修养:衣着大方,举止文明,交往得体。

见多识广有眼界:勤奋学习,知识广博,乐于探索。

与人为善有爱心:真诚待人,热情友善,助人为乐。

知难而上有毅力:积极乐观,勇敢坚韧,自信向上。

开拓进取有梦想:大胆创新,努力进取,富有梦想。

二、课程目标

培养目标是通过课程目标达成的,为了实现培养目标,我们把"知书达礼有修养,见多识广有眼界,与人为善有爱心,知难而上有毅力,开拓进取有梦想"这五个培养目标进行细化,分解成低、中、高的课程

目标,具体如下表:

上海市嘉定区德富路小学分级段课程目标

五有＼级段	低年级	中年级	高年级
知书达礼有修养	1. 了解学校情况,知晓学校礼仪要求。 2. 养成良好的行为习惯,讲文明,懂礼仪,爱清洁,具有一定的自我管理能力。	1. 践行良好行为习惯,培养审美观点,并学会鉴赏。 2. 关心社会环境,能处理好个人与环境的关系,保护自然。 3. 养成对自己、对班级的责任感。树立较强的自信,形成爱集体的情感。	1. 热爱祖国,热爱自然,热爱集体,热爱红领巾。 2. 自觉遵守各项规章制度和社会公德,养成良好的行为习惯和卫生习惯。知道交流要讲究方法,有礼有节。 3. 拥有强烈的社会责任感,具有诚实、守信的品格,培养言行一致的风格。
见多识广有眼界	1. 乐于动脑,掌握低年段文化课程标准规定的要求。基本养成听、说、读、写的良好习惯。培养勤复习、早预习的学习习惯。 2. 热爱生活,敢于从日常生活中发现并提出问题,并能尝试去探究问题答案。 3. 掌握基本学习方法,对问题有自己独特的看法与见解。	1. 乐于动脑,掌握中年级文化课程标准规定的要求,培养浓厚的学习兴趣。进一步养成听、说、读、写的良好习惯,能注重联系实际,会将所学习的知识与技能运用于生活。 2. 热爱生活,能对自然界现象等生活中的现象提出疑问,并能尝试独立去探究问题的答案。能独立思考,能表达自己的感受,有自己解决问题的方法与策略。	1. 乐于动脑,掌握高年级文化课程标准规定的要求,养成较好的听、说、读、写的良好习惯。能熟练地将所学运用于实践,促进学生学有所长。养成动脑、动手、动笔的学习习惯,培养坚韧的学习毅力。 2. 热爱生活,学习积极主动,对自己有自信,能独立思考,能表达自己的感受和观点,有独特个性的解决问题的方法与策略。从生活经验出发,形成正确科学的学习方法,形成一定的质疑精神和创新能力。
与人为善有爱心	1. 做一个文明有爱心,勇敢自信的学生。 2. 学会合作,学会倾听,善于理解,具有一定的沟通能力,和小伙伴互帮互助,共同进步。	1. 初步形成平等待人、宽容他人、尊重他人,与人为善的良好品质。 2. 初步形成"己所不欲,勿施于人"的人生态度。	1. 培养学生形成对善良、仁爱、理解、宽容等高尚品质的共鸣和认同。 2. 使学生懂得与人为善是做人的基本道德原则,提高助人为乐的精神境界。

五有 \ 级段	低年级	中年级	高年级
知难而上有毅力	1. 会玩1—2项体育类游戏活动。 2. 在体育和学习活动中学会勇敢和坚持。精力充沛，对生活充满热情与信心。	1. 积极参与体育运动，基本掌握1—2项运动技能。 2. 在体育和学习活动中遇到困难能想办法克服和解决。形成健康的生活方式，形成积极乐观、坚强自信的生活态度。	1. 通过国家体质健康测试，掌握2—3项体育运动技能，并成为特长项目。 2. 保持参与运动的兴趣和坚持运动的习惯；在体育和学习活动中能知难而上，坚持不懈。保持愉快的心情，使性格变得开朗大方、坚强自信。
开拓进取有梦想	1. 学习伟人、名人、英雄人物的故事，立志做对社会有用、有所作为的人。 2. 和同学、伙伴分享自己的目标、梦想。	1. 学习伟人、名人、英雄人物的故事，有自己崇拜的人物，知道他们取得成功的原因。知道要实现梦想必须刻苦勤奋，付出艰辛的劳动。 2. 认真学习，积极生活，保持为自己继续实现梦想的能力。	1. 敢于创新，努力向上。 2. 明确自己的梦想，知道哪些事情能够帮助自己离梦想越来越近，为了自己的梦想不懈努力。

第三部分　学校课程体系

1. 学校课程体系

学校蒲公英课程为"一核两翼"体系，一核——学科和基于学科的特色课程(1＋X)；两翼——自主拓展课程和实践体验课程，具体如下图：

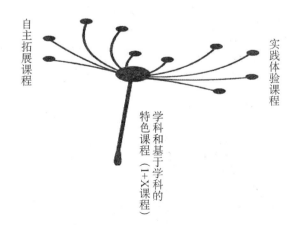

自主拓展课程

实践体验课程

学科和基于学科的特色课程(1＋X课程)

二、学校课程结构

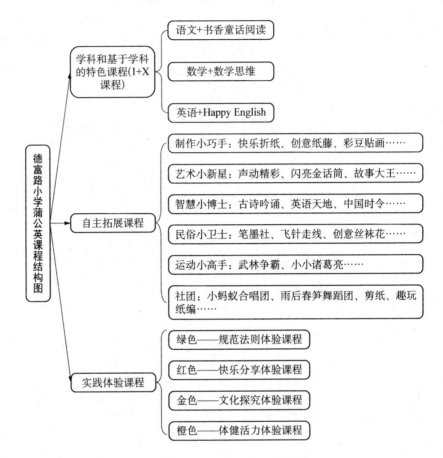

1. 学科和基于学科的特色课程(1+X课程)

学科	特色课程	课程内容	课程目标
语文	新荷文学社	1. 挑选适合低年级学生阅读的作品,与学生在课上共同欣赏。 2. 组织文学社社员参加各类读书征文活动,通过此类活动达到练笔的目的。 3. 通过多样方式让学生对童话、名著有进一步的认识,激发学生的阅读兴趣,提高人文修养。 4. 课堂上进行现场写作小练笔,适时邀请语文教师进行写作技巧讲座。	提高学生的文学素养,营造良好的人文氛围,拓宽学生视野,激发学生的阅读兴趣,培养学生追求成功、奋进不息的品格,以及尊师爱友、热爱亲人、热爱生活、热爱大自然、关注社会的品质。新荷文学社大力为学生提供一个展现个性风采的舞台,使其不断地发展自我,靠近梦想,走向美丽,和谐成长。

学科	特色课程	课程内容	课程目标
	书香童话	5. 教师要求学生每天抽出一定时间进行阅读。保证在不耽误学业的情况下，每月完成1—2本书的阅读量。 一年级：童话阅读； 二年级：童话表演； 三年级：童话创编。	1. 激发学生的阅读热情，开阔视野，增长知识，发展智力，陶冶情操，充实学生文化底蕴，提高学生综合素质。 2. 提高学生的阅读量，使学生在阅读中提高兴趣，逐步养成阅读习惯。 3. 体验生命的活力，提高生命境界，逐步形成我校特有的书香校园特色，不断提升我校的办学品位。
数学	数学思维	1. 用计算器探索规律； 2. 最优化方法； 3. 和、差、积、商的变化规律； 4. "错"中求解； 5. 一目了然的线段图； 6. 用线段图解决问题（一）； 7. 用线段图解决问题（二）； 8. 年龄中的数学问题。	给学生创造和提供参与实践、参与活动的时间和空间，而且能够加深学生对书本知识产生和发展的过程认识，能够促进学生对所学知识的应用，提高在实际生活当中应用数学的能力与技巧，培养他们在实际生活当中发现数学的能力。
英语	Happy English	介绍自己的村庄（My Village）；运用所学到的英语知识进行自我介绍（This is me）；能听懂并表演部分英语童话故事（Little Red Riding Hood）能介绍自己的一天（This is my day）；介绍天气，唱英文歌曲（Do-Re-Mi）；介绍季节（Seasons）。	激发学生学习英语的兴趣，培养他们学习英语的积极心态，使他们初步建立学习英语的自信心；培养学生具有一定的语感和良好的语音、语调、书写基础，以及良好的学习习惯；使他们初步具备用英语进行简单日常交流的能力。

2. 自主拓展课程

课程设置	课程名称	课程精神（口号）	设年级	上课地点
制作小巧手	快乐折纸	快乐动手	一	一(4)班
	快乐七巧板	我参与我收获	二、三	二(1)班
	网络小精英	网络世界由你主宰！	三	电脑房
	巧手纸花	巧手点亮生活	三	劳技教室
	创意纸藤	巧手巧心思创意新乐趣	二	二(4)班
	彩豆贴画	粮食做成的精美画作	一	一(1)班
艺术小新星	声动精彩	声动心灵，诵读精彩	二、三	心理教室（三楼）
	闪亮金话筒	闪亮主持人，今天我来当	二、三	微格教室

课程设置	课程名称	课程精神(口号)	设年级	上课地点
	故事大王	生动的故事说明道理,提高孩子的语言表达能力	二、三	二(5)班
	小小诗社	唱经典诗文,做儒雅少年	三	一(6)班
智慧小博士	童话世界	徜徉童话世界,放飞纯真梦想	一	一(5)班
	童话表演	童话演绎快乐成长	二	合班教室
	童话创编	让童话因你而精彩	三	三(2)班
	古诗吟诵	学习经典诗词,体会中华文化	一	二(2)班
	英语天地	学拼读,做英语小达人	一	一(2)班
	英语儿歌 show	提高口语能力,激发兴趣	二、三	电子阅览室
	Englis 情景剧	英语 show 出我们的精彩	二、三	三(1)班
	中国时令	了解节气时令,传承传统文化	二、三	二(3)班
	数学魔法	体会数学的魔力	一	一(3)班
	小小数学家	动手动脑,拓展数学思维	三	三(3)班
民俗小卫士	笔墨社	用笔秀出你自己	二、三	书法教室
	飞针走线	飞针走线,美化生活	二、三	三楼自然教室
	创意丝袜花	百变小花,扮靓生活	三	图书馆
运动小高手	小小诸葛亮(棋类)	调兵遣将,运筹帷幄	二、三	教工之家
	武林争霸	发扬武德,提高身体素质	三	篮球场
社团	小蚂蚁合唱	我声唱我心	一、二、三	音乐教室
	雨后春笋舞蹈	用舞姿演绎美丽的童梦	一、二、三	舞蹈房
	我和剪纸	小剪刀大世界	一、二、三	美术教室1
	趣玩纸编	百变小巧手,多彩乐生活	一、二、三	美术教室2
	科技天地	徜徉科学世界,探求知识天空	一、二、三	自然教室
	新荷文学	让书本点亮五彩斑斓的童年	三年级	图书馆

3. 实践体验课程

课程设置	内容	年级	负责人	课时	时间安排
绿色——规范法则体验课程	环境教育	一年级至五年级	班主任	2课时	3月
	国防教育	五年级	班主任	1课时	10月
	法制常识	五年级	班主任	1课时	12月
	安全教育	一年级至五年级	班主任	1课时	9月
	健康教育	一年级至五年级	班主任	6课时	2,9月

课程设置	内容	年级	负责人	课时	时间安排
	毒品预防教育	五年级	班主任	1课时	6月
	民防教育	二年级至四年级	班主任	1课时	5月
	廉洁健康	一年级至五年级	班主任	1课时	11月
	民族团结教育	四年级	班主任	1课时	4月
红色——快乐分享体验课程	"德富萌娃训练营"	一年级	班主任	9课时	一学年
	"爱嘉学子在行动"	一年级至五年级	班主任	8课时	一学年
	"我们的节日"	一年级至五年级	班主任	8课时	一学年
	民族精神教育	一年级至五年级	班主任	4课时	一学年
	感恩教育	一年级至五年级	班主任	4课时	一学年
	生命教育	一年级至五年级	班主任	4课时	一学年
	"成长典礼"教育	一年级至五年级	班主任	2课时	一学年
	庭院文化教育	一年级至五年级	班主任	4课时	一学年
金色——文化探究体验课程	"亲子"实践体验	一年级	年级组长	4课时	3月
	新城图书馆	二年级	年级组长	4课时	4月
	嘉定消防中队	三年级	年级组长	4课时	5月
	嘉定福利院	四年级	年级组长	4课时	10月
	嘉定气象局	五年级	年级组长	8课时	11月
橙色——悦享活力体验课程	读书节	一年级至五年级	语文组	5课时	4月
	艺术节	一年级至五年级	艺术组	5课时	5月
	科技节	一年级至五年级	科技组	5课时	11月
	体育节	一年级至五年级	体育组	5课时	12月

第四部分　学校课程实施

在"明德惟馨、多文为富"校训的统摄下,学校倡导"童梦教育",即"D-R-E-A-M",通过激扬儿童的梦想,让童梦引领儿童健康成长的教育,旨在营造有利于儿童快乐学习与幸福生活的"教育生态":

——梦想课堂是方法多样的课堂——即 Diversity,翻译为"多样"。意为在梦想课堂中,教师会根据课程特点、教学内容、学生生活经验、学习能力等设计多种多样的教学方法，让学生高效学习。

——梦想课堂是自我实现的课堂——即 Realization，翻译为"实现"。意为在丰富多彩的蒲公英课程体系中，每一个学生都能找到自己的兴趣和需求所在，都能有所习得，在各自的能力水平上得到提升，体验自我实现的成就感、荣誉感。

——梦想课堂是鼓励引导的课堂——即 Encouragement，翻译为"鼓励"。意为在梦想课堂学习中，教师毫不吝啬自己的鼓励与表扬，赏识学生的每一次勇敢尝试、积极展现、大胆创新，引导学生不断朝着自己的梦想前行。

——梦想课堂是生动灵活的课堂——即 Agile，翻译为"灵活"。意为尊重孩子的生命和需要，还原孩子本真的天性。改变传统的教育观念、教学行为和教学习惯，从注重研究教师怎样"教"转到研究学生怎样"学"上来，让学生真正成为学习的主体、交流的核心，让学生的思想在温情中、倾听中、自主中、合作中、思考中顿悟、升华。

——梦想课堂是激活动力的课堂——即 Motivation，翻译为"动力"。《绿色指标》中对学生学习动力指数的阐释涵盖了学生学习自信心、学习动机、学习压力和学生对学校的认同度。梦想课堂就是通过增强学习自信心，助力学习正向动机，缓解学习压力，引导教师认同、学科认同、学校认同，变"要我学"为"我要学"，把学习的主动权还给学生，鼓励学生大胆说出自己的学习需求、学习困难、学习目标，让学生真正成为学习的主人。

一、以"梦想课堂"为主线，双向推进 1＋X 课程的实施

在构建学校课程体系的过程中，我们认真落实基础学科课程的开展，并着眼于国家课程的校本化、个性化实施，从而延伸出立体、丰富的 1＋X 课程。

在实际操作中，1＋X 课程的校本化、个性化实施分为两个阶段，第一阶段是从宏观的角度，横向对基础学科课程教学的各个元素进行建构。

1. 教学目标的开放性建构

开放性目标系统的建构,意味着在教学过程中,允许师生根据具体情况,游离于预设的教与学的目标,去实现有利于学生发展的生成性的目标,这便是对"每一个"的尽可能的尊重。

2. 教学内容的人本化处理

人本化处理是对统一教学内容的二度开发,是一种增删调度,其二度开发的出发点和归宿是学生,而学生的生活经验、生活实际、兴趣要求都是各不相同、丰富多彩的,因而,教学内容的人本化处理,将最大限度地考虑每一位儿童的个性特点,必将富有个性化的色彩。

3. 教学形式的多样性选择

可以说,没有选择就没有个性,个性总是体现在人们的各种选择之中,而选择则来源于多样性,因此,教学形式与方法的个性化设计,可以着眼于多样性的争取及选择权力的下放。

4. 教学评价的多元化实施

如果不同个性的学生一直接受同一标准的评价,这种局面肯定不可能促进每一位学生的个性发展,而且还会扼杀相当一部分学生的个性。因此,个性化的教学评价应该是多元的。

第二阶段则是从各基础学科本身出发,纵向进行个性化的设计,延伸出多彩的 X 课程。

比如语文学科主要结合慧雅书童项目,开展童话特色教学,一年级为童话阅读、二年级为童话创编、三年级为童话表演。通过童话学习激发学生广泛阅读的兴趣,获得正确的阅读方法,养成自主阅读的习惯,在童话中学习知识,明白道理,体验情感,收获成长。

数学学科则主要发展学生的数学思维,开设数学思维课程。通过校本教材的编写和运用,在计算能力、空间观念、数学概念、应用能力四个领域深化个性化教学。低、中、高年级分别细化为:趣味设计,提高学生计算能力的个性化教学研究;精彩预设,发展学生空间观念的个性化教学研究,关注本质,形成学生数学概念的个性化教学研究;实施体验,发展学生应用能力的个性化教学研究。

纵横交织的设计,形成立体架构,丰富了 1＋X 课程建设的内涵和形态,也有利于舒展师生的个性。

二、以"我有一个梦想"为主轴,推进自主拓展课程的实施

自主拓展课程是根据教师、学生、家长的特长,在充分挖掘资源、了解学习需求的基础上开发的课程,分为"制作小巧手"、"艺术小新星"、"智慧小博士"、"民俗小卫士"、"运动小高手"五大版块,每个版块下设多个梦想自主拓展课程,对应不同的课程。学生可以在开放、多元的课程中自主选择学习,从而深度满足学生的学习需求,充分张扬学生个性,发挥学生特长,让学生感受生活情趣,体验快乐。

1. 自主拓展课程目标

1）培养学生的兴趣、爱好,发展个性特长。

2）拓展学生的知识领域,培养创新精神和实践能力。

3）提高学生的思想品德修养和审美能力,陶冶情操,增进身心健康。

4）培养学生的科学态度和精神,学习和掌握科学的基本知识、基本技能和方法。

5）培养学生的团结协作和社会活动能力,使学生热爱学校生活,适应社会。

2. 自主拓展课程开设原则

1）针对性、目的性原则。自主拓展课程的开设,具有明确的针对性和目的性,为学生个性特长和不同层次发展创造条件。

2）从实际出发原则。自主拓展课程的开设,应从师资、学生基础实际出发,确定开设科目。

3）自主性和导向性相结合的原则。自主拓展课程以学生自愿修习为主,但在选择过程中,教师应有必要的导向,以便更好地达到选修的目的。

3. 自主拓展课程实施原则

自主拓展课程的实施过程中,由教师积极组织,学生全员参与,具体体现以下原则:

1) 自愿性原则。学生自愿参与各种学习活动,能激发内在的学习需求。教师应充分尊重学生的意愿。学生可按自己的兴趣特点,自由选择某一课程,自由选择教师,发挥其特长。

2) 合作性原则。自主能力不等于以自我为中心。学生通过合作学习活动,在展现个性特长的同时,学会与同学间的愉快合作,体现集体智慧的魅力,培养学生的团队合作能力。

3) 发展性原则。自主拓展课程教学,应关注社会,体现时代性、实效性;应重视学生的内在潜力和持续发展,通过自主学习在原有的基础上不断发展提高。

4) 自主走班原则。每一位学生根据自己的兴趣和学习需求自主填报 2—3 门课程,各个自主拓展课程授课教师根据学生的填报情况确定名单。每周三下午第一节课,学生打破原有班级编制,根据所选报课程走班上课。

4. 自主拓展课程开展

自主拓展课程以"我有一个梦想"为主轴开展,设计相关主题活动:

——"我有一个梦想"系列活动:"我的梦想宣言"书法比赛、"梦想在行动"演讲赛、"我的追梦之旅"才艺秀……,鼓励学生寻求梦想,确立梦想,追逐梦想,践行梦想,实现梦想。

——"梦想课堂 36 计"征集活动:(1)面向教师征集"梦想课堂教学法 36 计",激励教师努力寻求适合不同学生个性、适合不同年龄层次、适合不同教学情境的有效教学方法,激荡教学智慧,分享教学经验;(2)面向学生征集"梦想课堂学习法 36 计",引导学生探求和学习高效学习方法,让学生明白梦想不是一条直线,知识是梦想的翅膀,能力和方法是梦想的承托力。

三、以"四维目标"为导向,推进实践体验课程的实施

学校充分利用丰富的校园文化资源和地域文化教育资源,发挥其教育功能,开发实践体验课程。实践体验课程分为绿色——规范法则

体验课程；红色——快乐分享体验课程；金色——文化探究体验课程；橙色——体健活力体验课程，旨在通过学生积极参加各类体验活动，融入社会，接触社会，接触生活，丰富生活体验，丰富生命经历，增强社会责任感。

实践体验课程以四个维度的目标为导向：

第一维度：情感培养目标

热爱祖国，热爱家乡，有民族自豪感。不断增强社会主义信念，懂得社会主义核心价值观的基本内容，了解社会主义现代化建设常识，初步树立公民的国家观念、法制观念，努力做一个有理想、有文化、有纪律、有道德的社会主义公民。

第二维度：行为发展目标

在初步明确我国社会主义道德准则、树立集体主义思想、培养公德基础上，根据社区和学校具体情况，养成良好的行为习惯，做到言行举止文明，知书达理有修养。

第三维度：良好心理品质和能力培养目标

养成诚实正直、积极进取、自尊、自爱、自重、自信、自强、不怕困难、勇于开拓创新等良好心理品质，具有初步的分辨是非和抵制不良影响的能力。

第四维度：意识发展培育目标

根据学生心理及意识现状，结合社区、家庭、学校、班级、同学等实际情况，确定六个意识发展培育目标：自我观意识、亲情观意识、友情观意识、幸福观意识、集体观意识、国家观意识。

后　记

从开始收集整理素材到落笔后记,这本书的编撰正好跨过了一轮寒暑四季。与季节的更替同步,校园里的老师和学生们也在与课程的相伴中又走过了一个学年。课程与学生在一年的互动中究竟带来了什么变化呢? 我们目前也许还不得而知,但在书中所呈现的学校的特色课程图景中,我们似乎可以读出一种对更广泛、更真实的学习的期待。

作为丛书的一本,这本书来自上海市教育科学研究院与上海市嘉定区教育局的合作项目"品质教育研究与实践",是"品质课程"的研究成果之一。在两年多的研究历程中,一次次关于教育原点的叩问,让我们在学校课程的开发、实践与统整中愈加感到一种责任所在。感谢上海市教育科学研究院杨四耕老师的悉心指导,让每一所学校的课程文案在特色鲜明的基础上更多了有逻辑的表述;感谢嘉定区教师进修学院李春华副院长、杨文斌老师的全情支持,对区域里学校特色课程开发和实施作了全局性的思考并提出了专业性的建议;感谢每一所参研学校团队的合力付出,正是你们的探索与反思,才构成了书中的每一个观点和实例。

课程变革扑面而来! 从微观的角度,学校的特色课程正呼应着变革的方向,更加突出个人修养、社会关爱、家国情怀的学生发展核心素养,更加注重学生的自主发展、合作参与和创新实践,更加强调让学生的学习能够和实际生活经验及兴趣产生最大的关连。在这个格外炎热的夏天,我们期待这样的一种呼应能如夏花般灿烂。

潘琼

2017 年 7 月于上海

图书在版编目(CIP)数据

嵌入式课程：特色课程的路径和方略/潘琼,李春华主编.—上海:华东师范大学出版社,2017
(品质课程丛书)
ISBN 978 - 7 - 5675 - 6947 - 8

Ⅰ.①嵌…　Ⅱ.①潘…②李…　Ⅲ.①课程建设-研究　Ⅳ.①G423

中国版本图书馆 CIP 数据核字(2017)第 236030 号

品质课程丛书

嵌入式课程：特色课程的路径和方略

丛书主编　路光远　杨四耕
主　　编　潘　琼　李春华
责任编辑　刘　佳
特约审读　汪建华
责任校对　程仙平
装帧设计　卢晓红

出版发行　华东师范大学出版社
社　　址　上海市中山北路 3663 号　邮编 200062
网　　址　www.ecnupress.com.cn
电　　话　021 - 60821666　行政传真 021 - 62572105
客服电话　021 - 62865537　门市(邮购)电话 021 - 62869887
地　　址　上海市中山北路 3663 号华东师范大学校内先锋路口
网　　店　http://hdsdcbs.tmall.com

印 刷 者　常熟市文化印刷有限公司
开　　本　787×1092　16 开
印　　张　12.25
字　　数　167 千字
版　　次　2017 年 11 月第 1 版
印　　次　2017 年 11 月第 1 次
书　　号　ISBN 978 - 7 - 5675 - 6947 - 8/G · 10637
定　　价　42.00 元

出 版 人　王　焰